WHY NOT
LEARN FROM HISTORY

何不向历史学习

改变世界的75本军事著作

75 MILITARY BOOKS
THAT CHANGED THE WORLD

[英] 利德尔·哈特 /编　　小小冰人 /译

台海出版社

图书在版编目（CIP）数据

何不向历史学习：改变世界的 75 本军事著作 /（英）
利德尔·哈特编；小小冰人译 . — 北京 ：台海出版社，
2022.10
　 ISBN 978-7-5168-3375-9

　 Ⅰ . ①何… Ⅱ . ①利… ②小… Ⅲ . ①军事—著作—
介绍—世界 Ⅳ . ① E

中国版本图书馆 CIP 数据核字（2022）第 155077 号

何不向历史学习：改变世界的 75 本军事著作

编　　者：［英］利德尔·哈特		译　　者：小小冰人	

出 版 人：蔡　旭　　　　　　　　　　　责任编辑：王慧敏
装帧设计：杨静思　　　　　　　　　　　策划编辑：谭兵兵

出版发行：台海出版社
地　　址：北京市东城区景山东街 20 号　　　邮政编码：100009
电　　话：010 - 64041652（发行，邮购）
传　　真：010 - 84045799（总编室）
网　　址：www.taimeng.org.cn/thcbs/default.htm
E - mail：thcbs@126.com

经　　销：全国各地新华书店
印　　刷：重庆长虹印务有限公司
本书如有破损、缺页、装订错误，请与本社联系调换

开　　本：787毫米 × 1092毫米　　　　　1/16
字　　数：258千　　　　　　　　　　　印　　张：14
版　　次：2022年10月第1版　　　　　　印　　次：2022年10月第1次印刷
书　　号：ISBN 978-7-5168-3375-9

定　　价：129.80元

人类对睡眠、爱情、歌唱、舞蹈的厌倦，
比对战争的厌倦来得更快！

荷马

目录
CONTENTS

理性
时代

20
世纪

附录

73

古代世界

> 战争是万物之父。
>
> ——赫拉克利特

修昔底德

约前 460—约前 404

Thucydides

修昔底德，公元前 460 年左右出生于雅典，公元前 424 年被推选为将军。伯罗奔尼撒战争期间，他率领一支雅典舰队抗击斯巴达人。斯巴达人发动冬季突袭，修昔底德对丢失安菲波利斯负有责任，被召回后遭流放。二十年流放生涯中，他撰写了历史著作，公元前 404 年返回已经陷落的雅典。传说他回到雅典后不久便去世了。

◁ 修昔底德石膏半身像

收藏于普希金国家美术博物馆。

▽ 马赛克上的修昔底德

在约旦杰拉什发现的这幅镶嵌画大约制作于公元3世纪，现藏于柏林佩加蒙博物馆。

《伯罗奔尼撒战争史》

History of the Peloponnesian War

内容提要 ★★★

　　本书所讲述的战争发生于公元前 5 世纪，其戏剧性和决定性堪比 20 世纪的两次世界大战，可以说是重塑了古希腊世界。尽管这场雅典和斯巴达之间的战争持续了二十七年，但在战争结束六年多以前，修昔底德就停笔了。

　　本书被广泛认为是经典之作，并被视为最早的历史学术著作之一，是了解西方古代史的必读著作。书中出现了大量的演讲内容，包括将军们的战前讲话、雅典和斯巴达领导人的大量政治演讲，以及各派别之间的辩论。然而，修昔底德并非逐字记录这些演讲的内容，而是依据所讲内容的主要思想做了一些"创作"。

"战争是一位残暴的老师。"

摘录

★ ★ ★

雅典人就此召开公民大会，提交公民讨论，决定全盘商议此事，给斯巴达人做出最终答复。许多人上前发言，主战和主和的都有，有的认为必须一战，有的认为应当撤销墨伽拉法令，不能让它成为和平的障碍。最后，克桑提普斯之子伯里克利，当时雅典的第一人，在演说和行动方面都是最有影响力的人，走上前来提出如下建议：

"雅典人啊！我还是老观点，不要屈服于伯罗奔尼撒人。尽管我知道，大家会带着一股劲头走向战争，真正交战时劲头却不见了，他们的决心随着局势的变化而变化。但我现在发现，我必须向你们提出的建议，跟从前是一样的。我觉得，即便我们遭遇挫折，你们当中相信我的话的人还是应该支持共同的决定；或者取得成功之时，不要以精明自居。挫折是可能的，因为世事运行，其刚愎与愚蠢，有似人类之谋划。故此，我们常常归咎于运气，不管它是多么不合理。

"斯巴达人以前就明显图谋与我们为敌，现在更是路人皆知。按照和约规定，我们之间如有争端，应该提交第三方仲裁，同时双方维持现状。可斯巴达人从不要求仲裁，我们提交的话，他们又拒绝接受。他们想用战争而不是和平谈判来达成目的。现在，他们到这里来，甚至没有提出抗议，而是想对我们发号施令。他们要我们放弃围攻波提狄亚，让埃伊纳独立，还要撤销墨伽拉法令。最后一批来这里的使节宣称，我们必须让希腊人独立自主。

Herodotus

Thucydides

"你们不要以为，如果我们拒不撤销墨伽拉法令，就是为小事而开战。他们特别提及，只要我们撤销该法令，就不会发生战争；可是，如果我们真开战的话，你们不要自责，以为战争是小事引发的。因为此事看似不大，实际上是检验你们有没有决心，决心有多大。

"如果在这一点上让步，他们看到你们因为恐惧而屈服，马上就会得寸进尺。如果你们旗帜鲜明地坚决反对，就会迫使他们对你们平等相待。你们现在必须立即做出抉择，要么在遭受侵害前屈服于他们，要么，如果决心开战——我认为我们应该这样做——就不要找大大小小的借口，任何情况下绝不屈服，难道我们要提心吊胆地守着自己的财产不成？地位平等的城邦，不把他们对邻邦的要求，不管是大的还是小的，提交仲裁，而是向邻邦发号施令，这就意味着奴役。

"关于作战和双方的资源，待我一一道来，你们就会明白，我们一点也不比他们差。伯罗奔尼撒人耕种自己的土地，私人和公家都没有多少财产；由于财力虚弱，他们相互间的战争为时甚短，因而缺乏长期作战和海外作战的经验。这种人没有能力为战舰配备人员，也无法经常向外派遣军队，因为这会让他们远离自己的土地，耗费自己的资产，另外，海洋在我们的控制下。支撑战争靠的是多年的积蓄，而不是靠突然增加税收。与其他人相比，耕种自己土地的人，在战争中更关心自己的钱财而不是性命。他们的如意算盘是，自己能在战争中安然无恙，可他们无法确定，自己的钱财会不会在战争结束前耗尽，尤其是战事旷日持久，远远超出预期，而这种情况很有可能发生。

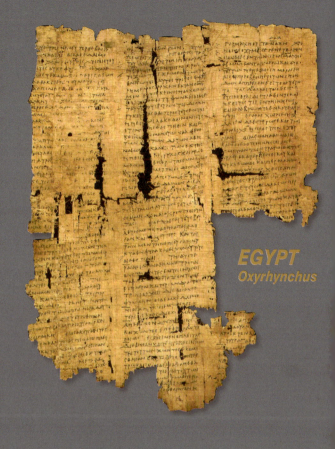

EGYPT
Oxyrhynchus

△ 《伯罗奔尼撒战争史》第四卷的希腊文手抄本残片

1897年在埃及俄克喜林库斯发现这张莎草纸残片，尺寸为256毫米×200毫米，每栏有50～53行文字，写于公元1世纪。

历史之父

希罗多德的著作常常告诉人们，狂妄自大会招致神灵的愤怒，但修昔底德不承认神灵对人类事务的干预，他认为历史是由人类的选择和行动铸造的，众神在修昔底德的作品中没有发挥积极的作用。修昔底德几乎从未说过他的资料来源，并且只在少数情况下提到了事件的其他版本，但他对这场战争的直接和潜在原因的透彻分析，以及他对参战人员的考虑和动机的敏锐洞察，使一些人相信，是他，而不是同为历史学家的希罗多德，配得上"历史之父"的称号。

◁ 希罗多德和修昔底德的双人石膏像

原作收藏于那不勒斯国家考古博物馆。

Funeral Oration

在阵亡将士葬礼上讲话

菲利普 · 福尔茨（Philipp Foltz，
1805—1877）绘于1852年。

7

摘录
★ ★ ★

"伯罗奔尼撒人及其盟友,有能力在一场战役中对抗所有希腊人,却没有能力与体制截然不同的强邦进行战争,因为他们没有统一的议事厅,无法立即采取紧急措施;他们的每个城邦都有平等的投票权,而且属于不同的民族,所以,各邦只关心自己的利益,这种情况往往会导致一事无成,有的城邦想尽全力为敌人复仇,有的城邦却急于让自己的财产免遭损失。他们要隔很长时间才聚在一起开会,开会时,只用很少时间商讨共同利益,大部分时间耗费在各自的私利上。每个城邦都认为自己的疏忽大意不会破坏共同利益,日后的事情自有其他城邦去考虑。所以,每个城邦私下里都抱这种想法,同盟的整体利益就在不知不觉间遭到破坏。

"但他们最大的困难是钱财匮乏,钱财来得缓慢,行动就会迟滞,而战争中的时机稍纵即逝。

"所以,我们不用担心他们的海军,他们在阿提卡修筑工事的前景也不足为惧。迄今为止,哪怕是和平时期,修建一座足以制衡敌人的城池也不是件容易的事。在敌方领土上筑城更是难上加难,他们要面对我们的要塞,这些要塞强大到足以匹敌他们能构筑的一切。要是他们仅仅修筑些小小的前哨,确实可以通过突袭、接纳逃兵来蹂躏我们的部分土地,但这无法阻止我们使用海上力量展开报复,我们可以航行到他们的领土,在那里构筑工事。因为我们通过海军行动获得的陆战经验,远远多于他们以陆地行动得到的海战经验。至于航海技术,他们会发现很难掌握。因为就连你们,自波斯战争结束后一直在操练,现在也没能彻底掌握这门技术。他们是农民,不是水手,另外,我们强大的海上力量一直在虎视眈眈,他们根本没机会操练,这种情况下,他们的航海技术又能有多大的进步呢?面对微弱的封锁力量,他们也许会因为无知而无畏,企图凭借人数优势冒险一搏,可如果他们面对一支庞大的舰队,就不会冒险出击。他们的航海技术,会因为缺乏训练而更加荒疏,技能不足会让他们更加不敢冒险。航海技术和其他技艺一样,是门艺术,不是闲暇之余研究一番就能掌握的。实际上,学习这门艺术期间,根本没时间做其他事。

"海权至关重要。想想看,如果我们是个岛国,是不是绝对不会遭受攻击?现在,我们必须以最接近岛民的立场考虑问题,必须放弃我们的土地和房屋,保卫海洋和城市,决不能因为

◁ **伯里克利的大理石半身像**

这是古罗马人根据约公元前430年的希腊原作复制的,上面刻着:"伯里克利,克桑提普斯之子,雅典人"。

Pericles

失去土地和家园而愤怒，与兵力占尽优势的伯罗奔尼撒人列队交战。就算我们赢得一场胜利，还得以同等的兵力与他们再度交锋，可如果我们打败了，就会失去我方力量依赖的盟邦，他们会立即反叛，而我们却没有足够的兵力平息叛乱。我们应当悲叹的不是房屋或土地的丧失，而是人员的损失。最重要的是人，其次才是他们的劳动成果！如果说我对你们有什么建议的话，那我奉劝大家，亲手毁掉你们的财产，借此告诉伯罗奔尼撒人，你们不会为这些东西向他们屈服。

"如果你们愿意在战争期间不拓展帝国的范围，不主动招灾惹祸，我相信我们会最终胜出，关于这一点，我还有许多其他的理由。我担心的不是敌人的图谋，而是我们自身的错误。至于这一点，等以后要采取行动时，我会再次发言予以阐明。现在我建议这样答复斯巴达使节：如果斯巴达不驱逐包括我们和我们盟友在内的外邦人，我们就批准墨伽拉人进入我们的市场和港口（因为和约中没有条款禁止对方的命令和我们针对墨伽拉人的法令）；如果斯巴达人让他们的各个盟邦独立自主，凭自己的意愿建立政府，而不是符合斯巴达利益的那种政权，那么，我们就允许我们的盟邦独立，条件是我们签订合约时他们就是独立的。我们还要说，我们愿意按照合约的条款提交仲裁，而不是发动战争，但我们会奋起抵抗开战者。这种答复是公正合理的，配得上我们这个城邦。我们必须认识到，这场战争是强加给我们的，我们越是甘愿迎接挑战，对手越不急于进攻我们。我们还要认识到，不经历千难万苦，就没有无上的光荣，个人如此，城邦亦如此。我们的父辈挺身反抗波斯人时，他们可没有我们今天拥有的资源；可他们抛弃了仅有的一切，然后凭智慧而不是运气，靠勇敢而不是物质力量，击退了外来侵略者，让我们的城邦成为今天的样子。我们绝不能辜负他们的先志，我们必须以一切方式抵抗敌人，努力把一个伟大如昔的雅典留给后人。"

〔以何元国的译本（《伯罗奔尼撒战争史》，中国社会科学出版社，2017 年）为基础，作了修改〕

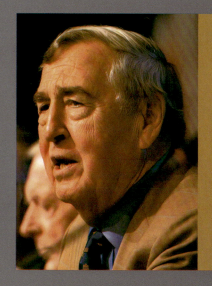

修昔底德陷阱

一个崛起的大国威胁要取代一个已经占据统治地位的大国，会发生自然的、不可避免的混乱，而且由此产生的结构性压力将使暴力冲突成为惯例，而不是例外。修昔底德陷阱这个词首次出现于美国政治学家格雷厄姆·T.艾利森（Graham T. Allison）2012 年为《金融时报》撰写的一篇文章，其内涵脱胎于《伯罗奔尼撒战争史》中的一句话，即"正是雅典的崛起和由此给斯巴达带来的恐惧，使战争不可避免"。

◁ 格雷厄姆·T.艾利森

/ 02

《长征记》

Anabasis

内容
提要
★ ★ ★

色诺芬与十万希腊雇佣军加入小居鲁士争夺波斯王位的战争，然而小居鲁士本人在库纳克萨战役中阵亡，希腊雇佣军只得撤回希腊。本书重点讲述了他们从波斯腹地穿过美索不达米亚、亚美尼亚到达黑海南岸这一惊险又艰难的过程。

Xenophon

色诺芬，公元前 430 年左右出生于雅典，可能是在伯罗奔尼撒战争后期的历次会战中投身军旅。他是苏格拉底的弟子，也是这位哲学家相关信息的主要来源之一。色诺芬作为雇佣兵前往小亚细亚，参与了小居鲁士争夺波斯王位，但以失败告终的远征。漫长的后撤期间，色诺芬接掌指挥权。回到希腊后，他又加入色雷斯和斯巴达军队。作为一名军人，色诺芬发了财，在科林斯住了一段时间，后来可能又返回雅典，在那里遭流放，死于公元前 350 年前后。

◁ 奥地利国会大楼前的色诺芬雕像

Pythia

◁ **皮媂亚**

她是德尔菲神庙的祭司。约翰·科利尔（John Collier）绘于1891年。

神谕

　　就是否与居鲁士同行这个问题，色诺芬曾向苏格拉底征求意见，苏格拉底推荐他去向皮提亚祈求神谕。然而，色诺芬向神提出的问题并不是要不要接受居鲁士的邀请，而是"他必须向哪位神灵祈祷和献祭，才能顺利走完预定的旅程并安全返回，获得好运"。神谕给了他答案。当色诺芬回到雅典，把神谕的建议告诉苏格拉底时，苏格拉底责备他问了一个如此虚伪的问题。

摘录

★ ★ ★

（上万残军从波斯撤往或者说逃往地中海沿岸期间，色诺芬率领的希腊雇佣军夺得一个隘口。）

此后他们进军七站，一天行进 5 帕拉桑 [1]……在进入平原的山口，卡卢比亚人、陶基亚人、法西亚人挡住去路。客里索普斯看见敌人守住山口，就在距离对方 30 司塔迪的地方停止前进，以免在纵队行进期间接近敌人。他命令其他军官把连队带到翼侧，把军队排成战阵。后卫就位后，他召集手下的将领和队长，对他们说道："你们看到了，敌人据守着山口，我们现在必须商议对付他们的最佳办法。我的建议是，先命令士兵们吃饭，我们来商量今天还是明天越过这条山脉。"

克里安诺说道："依我看，我们应当做好战斗准备，吃完饭就发动进攻。我的理由是，如果我们无所作为地浪费一天，对面注视我们的敌人就会信心大增，一旦他们鼓起勇气，其他人也会加入，他们就会实力大增。"

[1] 1 帕拉桑 = 30 司塔迪，约合 3 英里、4.8 公里。

△ 大海！大海！

看见海便离家更近了，历经艰辛的希腊雇佣军抑制不住内心的狂喜大喊道："大海！大海！"伯纳德·G. 贝克（Bernard G. Baker，1870—1957）绘于1901年。

"每个人都不愿意起来，因为，人躺在那儿，身上的雪——若是不滑下来——使人觉得发暖。"

摘录

★ ★ ★

接下来发言的色诺芬说道："我是这么看的，要是我们不得不打一仗的话，就得想办法发挥最大的战斗力。可要是我们想以最顺利的方式越过山脉，那么我认为，我们必须考虑这样一个问题：如何确保我方的伤亡尽可能小。这条山脉，就我们所见，延绵60多司塔迪，可除了我们的前进道路这部分，其他地方没见到守军。要是我们趁敌人无暇他顾之际，主动出击，设法'窃取'一段无人据守的山脊，这个方案比我们猛攻对方强大的阵地和严阵以待的军队好得多。

"跋涉上山，但不需要战斗，比平地行军，但四面八方都是敌人容易；不战斗的情况下，士兵夜间行军反而能更好地看清脚前的障碍；行军时只要不战斗，崎岖的地面不算问题，总好过走在平地，但各种武器在头顶上飞舞。从敌人手里窃取一条通道，我认为是能做到的。我们可以在夜间行动，以防敌人发现，我们得离他们远点，免得对方听到动静。我还建议在此处展开佯攻，这样一来，山脉其他地方的守军就更少了，因为敌人很可能在此处集中更多兵力。

"不过，我可没资格讨论窃取，因为我听说你们斯巴达人，客里索普斯，我说的是你们这些贵族，从小就学习偷窃，不以为耻，反而以偷到法律不禁止的一切东西为荣。所以，你们能成为盗窃高手，带着偷到的东西设法逃之夭夭，但法律也规定，盗窃时被逮住的话，就得挨顿狠揍。现在是个绝佳良机，你们可以充分展示从小学来的绝技，给我们偷一段山脊，别让敌人逮住我们狠揍一顿。"

客里索普斯说道："好吧，据我所知，盗窃公款非常危险，可你们雅典人最擅长这种勾当；你们最优秀的人才都是个中高手，也就是说，你们的优秀人才都在政府内部。所以，现在也是你们一显身手的好机会。"

色诺芬说道："我早就准备好了，吃完饭就率领后卫夺取山上的阵地。我找到向导了，因为我的轻步兵打了场伏击，逮住几个跟在我们身后捡东西的当地人。他们告诉我，这条山脉并非不可逾越，山上还有放牛羊的牧场呢。所以，一旦我们夺得一段山脊，就有可能给我们的驮畜找到通行路径。我觉得，敌人发现我们位于和他们同一高度的高地，肯定不会留在原处，因为他们此刻没有流露出下来与我们交锋的意愿。"

◁ 约公元前5世纪的陶器上的希腊重步兵

客里索普斯说道："可是，你干吗要离开后卫的指挥岗位呢？最好派别人去，当然，哪位好汉自告奋勇就更好了！"

于是，指挥重甲步兵的麦提德里安人亚里斯托诺斯，指挥轻步兵的希俄斯人阿里斯提亚斯和奥塔人尼科马库斯挺身而出，几人商定，夺取高地后就点燃几堆篝火。下定决心后，他们饱餐战饭，客里索普斯随后率领军队，朝敌人开进 10 司塔迪，摆出打算进攻的姿态。

吃罢晚饭，天色已黑，执行奇袭任务的部队动身出发，赶去夺取山脊，其他人原地休息。待敌人发现几座山头失守，赶紧小心提防，几堆篝火彻夜不熄。拂晓时，客里索普斯向神献上祭品，随后沿道路前进，已夺取山脊的部队则沿高地发动进攻。大多数敌人坚守山口，但也有一部分赶去迎战山脊上的对手。可是，没等双方主力接近，高地上的部队已投入战斗，希腊人赢得胜利，一举击退对方。

与此同时，平原上的希腊轻盾兵冲向敌军防线，客里索普斯率领重甲步兵紧随其后。可是，据守道路的敌人看见山上的己方部队溃败，赶紧四散奔逃。希腊人杀掉的敌人不多，但缴获了大批盾牌。他们用刀剑砍碎这些盾牌，以免敌人再次使用。到达山顶后，他们献上祭品，竖起胜利的标志。

[以崔金戎的译本（《长征记》，商务印书馆，1997 年）为基础，作了修改]

△ **公元前401年的库纳克萨战役**

参战的一方为波斯人，另一方为小居鲁士与一万名希腊雇佣兵。让-阿德里安·吉涅（Jean-Adrien Guignet, 1816—1854）绘，收藏于巴黎卢浮宫。

波里比阿

约前 200—约前 118

波里比阿，公元前 200 年左右出生于阿哈伊亚，青年时期被放逐到罗马。他在那里成为普布利乌斯·西庇阿·埃米利亚努斯（即小西庇阿）的老师，第三次布匿战争期间陪同这位"非洲征服者"前往迦太基。迦太基陷落时，波里比阿就在现场。在撰写《罗马帝国的崛起》一书期间，波里比阿探访了各个旧战场，还获准查阅小西庇阿的案卷。据说他还远航进入过大西洋。阿哈伊亚与罗马再度发生纷争后，波里比阿返回希腊谈判解决问题，公元前 118 年左右去世。他对西方史学的贡献不仅在于他所写的《历史》，更在于他已经形成一套完整的史学理论和史学方法，树立了西方史学史的第一个典范。

▷ 波里比阿石膏雕像

Polybius

《罗马帝国的崛起》

The Rise of the Roman Empire

"读者大概知道，罗马人有充分的理由孕育野心，企图打造一个世界帝国，也有充分的手段实现他们的目标。"

内容提要
★★★

原名《历史》，最初写了 40 卷，但只有前 5 卷完整保存下来。本书从第一次布匿战争（公元前 264 年）叙述到第三次布匿战争（公元前 146 年），生动地记录了罗马扩张的关键阶段：在地中海各地的战役，汉尼拔造成的暂时挫折，以及迦太基的最终毁灭。

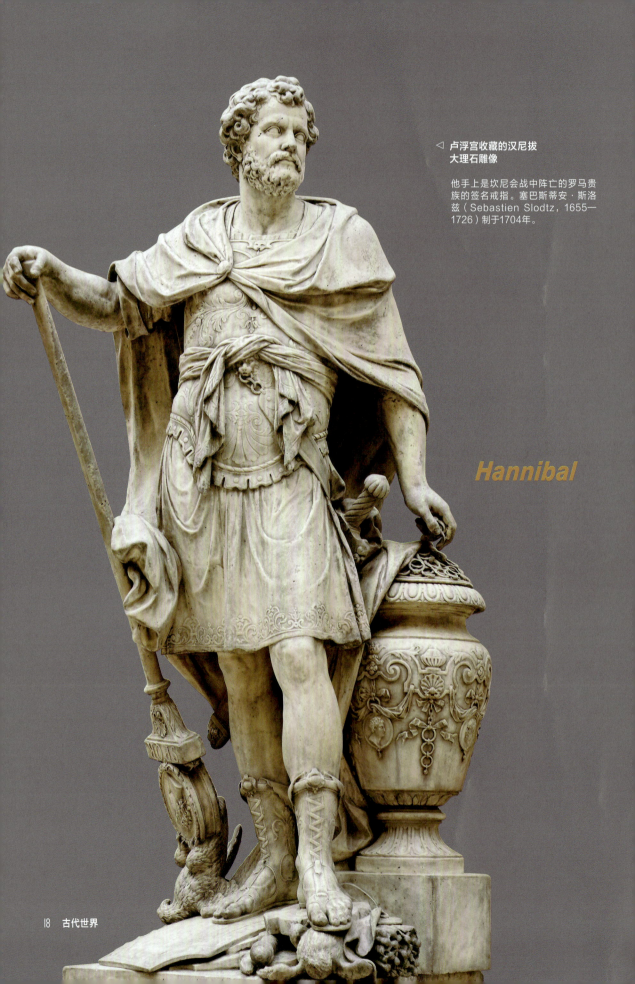

△ 卢浮宫收藏的汉尼拔
大理石雕像

他手上是坎尼会战中阵亡的罗马贵
族的签名戒指。塞巴斯蒂安·斯洛
兹（Sebastien Slodtz，1655—
1726）制于1704年。

Hannibal

摘录
★ ★ ★

（公元前 216 年，汉尼拔在坎尼击败罗马军队，赢得辉煌的胜利。）

次日，瓦罗接掌指挥权，日出后立即从两个营地同时出动他的军队。他率领从主营出发的军队渡河后，摆出作战队形，把另一个营地的部队布置在旁边，形成一线，全军朝南。罗马骑兵沿河流占据右翼，在他们一旁据守同一战线的是步兵支队，但这些支队排列得比以往更紧密，每个支队的纵深是其宽度的好几倍。盟友的骑兵置于左翼，轻装部队部署在全军稍前方。罗马军队的全部兵力，包括盟军，共 8 万名步兵、6000 多名骑兵。

与此同时，汉尼拔也命巴利阿里的投石兵和长矛兵渡过河去，把他们部署在主力前方。然后他率领主力离开营地，在两个地点渡河，部署在敌人对面。左翼靠近河流处，他安排伊比利亚和凯尔特骑兵对付罗马骑兵；骑兵身旁部署了半数利比亚重装步兵；再过去是伊比利亚和凯尔特步兵，他们身旁是另一半利比亚重装步兵，努米底亚骑兵部署在右翼。汉尼拔的军队排成直线后，他把位于中央的几个伊比利亚和凯尔特中队前移，两旁的其他中队排成规则的梯次，这样就让整条战线形成新月形，两侧的纵深逐渐减小：他的目的是以伊比利亚和凯尔特部队接战，让利比亚人在战斗中担任预备力量。

利比亚人穿戴着罗马的盔甲，因为汉尼拔从先前交战缴获的装备中挑选了最好的发给他们。伊比利亚人和凯尔特人使用的盾牌大小相似，但刀剑完全不同。因为罗马刀剑可以砍杀，也可以突刺，都能发挥致命效力，而高卢刀剑只能劈砍，需要些空间。一个个中队交替部署，凯尔特人光着上身，伊比利亚人身着带紫色条纹的亚麻短衣，看上去怪异而又骇人。迦太基有 1 万名骑兵，但他们的步兵，包括凯尔特人在内，不超过 4 万人。

埃米利乌斯统率罗马军队右翼，左翼交给瓦罗，去年担任执政官的雷古鲁斯和塞维利乌斯位于中央。哈斯德鲁巴率领迦太基军队左翼，汉诺指挥右翼，汉尼拔和他的弟弟马戈居中。如我前面所述，罗马军队正面朝南，迦太基军队正面朝北，升起的阳光没给任何一方造成麻烦。

交战始于两支军队前锋的冲突，起初只有轻装步兵涉入，战斗平分秋色。待伊比利亚和凯尔特骑兵冲向罗马人，战斗才以野蛮的方式趋于激烈：因为这里没有常见的正式前进或后退，双方一旦相遇，便立即下马步行厮杀。迦太基人在这场遭遇战中占据上风后，杀掉了大部分敌人，因为罗马人顽强抵抗，死战不退。迦太基人毫不留情地沿河岸追杀罗马人，就在这时，几个罗马军团接替了轻装步兵，开始近身接战。伊比利亚人和凯尔特人英勇奋战，一度稳住队形，但随后被敌人强大的实力击败，朝后方退却，迦太基军队的新月战线就此破裂。几个罗马支队奋勇追击，轻而易举地突破敌军战线，因为凯尔特人的战线较为薄弱，而罗马人是从两翼朝中央和最危险的地点卷击。迦太基军队的两翼没有与中间同时行动，而是中间部分先行接战，因为高卢人部署在新月的弧线上，新月的突出部分面朝敌人，所以在两翼之前率先与敌人发生接触。可是，罗马人追击敌人，匆匆攻往对方中央和正在退却的敌军，他们渗透得太深，这样一来，两翼的利比亚重装步兵就对他们的翼侧发起打击。右翼的利比亚重装步兵面朝左侧，从右面冲向罗马人翼侧，而左翼的利比亚人面朝右侧，迂回攻击罗马人右翼，他们完全清楚紧急情况下该如何行事。战事发展不出汉尼拔所料：罗马人贸然追击凯尔特人，结果陷入利比亚人两条战线之间。面对攻向翼侧之敌，罗马人再也无法保持战线，但仍以单打独斗或支队的形式顽强战斗。

▽ **努米底亚骑兵**

出自道奇《汉尼拔战史》内页插图。

虽然埃米利乌斯从一开始就在右翼，还参加了骑兵交战，但他安然无恙。他决心按照自己激励士兵的训词行事，认为这场会战的结果主要取决于主力军团，因而策马赶到战线中央，亲自率领冲锋，同敌人厮杀，还给自己的人马鼓舞打气。对面的汉尼拔同样如此，战斗开始后，他一直待在战线中央。

与此同时，迦太基军队右翼的努米底亚骑兵冲向罗马军队左翼的骑兵。可他们的战斗方式非常奇特，没给敌人造成重大伤亡，自身也没遭受严重损失。他们先从一个方向攻击敌人，然后又从另一个方向发起冲击，以此牵制罗马骑兵，让对方毫无用武之地。但哈斯德鲁巴消灭了河畔的敌军骑兵后，从左侧赶来支援努米底亚人。意大利盟邦的骑兵看见他率部冲来，一时间乱了阵脚，随即四散奔逃。

哈斯德鲁巴此刻指挥得娴熟而又谨慎。他知道努米底亚人占有数量优势，也知道他们追击溃逃之敌非常有效，因而派他们去对付退却的罗马人，自己率领部队匆匆赶往步兵鏖战的战场，支援利比亚人。然后，他从后方攻击罗马军团，从若干个地点同时投入一个个中队，以此扰乱敌人，利比亚人士气大振，罗马人惊慌失措。就在这时，浑身是伤的埃米利乌斯在激战中阵亡了。此人终其一生，为国家尽忠尽职，生命的最后时刻更是如此。只要罗马人设法保持战线不破裂，然后转向一方，再转向另一方，以此应对敌人的攻击，他们就能坚持下去。但外围士兵不断倒下，包围圈越来越小，所有人最终战死疆场……

坎尼会战就这样结束了，胜利方和失败方都在这场斗争中展现出巨大的勇气。证明这一点的是，6000 名罗马骑兵，只有 70 人跟随瓦罗逃往维努西亚，还有 300 名盟邦骑兵逃到附近各个城镇。未经战斗而被俘的步兵约有 1 万人，而那些参战的步兵，只有 3000 人逃到邻近的城镇，多达 7 万人英勇战死。和前几次战役一样，迦太基人大获全胜主要归功于他们在骑兵方面的优势。这场会战带给后人的教训是：战争中，比起各兵种与对手旗鼓相当，宁愿步兵力量只有对手的一半，但骑兵兵力须占有优势。汉尼拔一方阵亡 4000 名凯尔特人、1500 名伊比利亚人和利比亚人、200 名骑兵。

△ 汉尼拔麾下的高卢步兵

出自道奇《汉尼拔战史》内页插图。

▽ 坎尼会战示意图

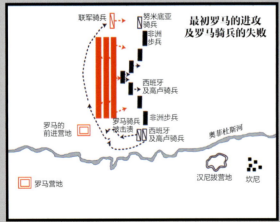

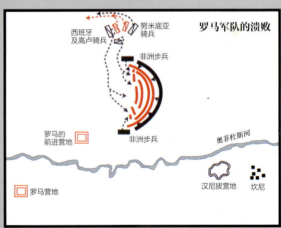

Alps

翻越阿尔卑斯山

公元前218年汉尼拔率领军队和战象从西班牙翻越阿尔卑斯山,进入意大利北部,绕过了罗马的陆上盟友和海上舰队。这是西方古代战争史里最著名的一次军事行动。海因里希·洛伊特曼(Heinrich Leutemann,1824—1905)创作于1866年。

21

《高卢战记》

Commentaries on the Gallic War

"恺撒将苏埃西翁人的一些重要人物收为人质，其中包括盖尔巴国王的两个儿子，还收缴了城内所有武器，这才接受了苏埃西翁人的投降。"

◁ 恺撒广场遗迹

位于罗曼努姆广场附近，是罗马帝国广场群的组成部分。

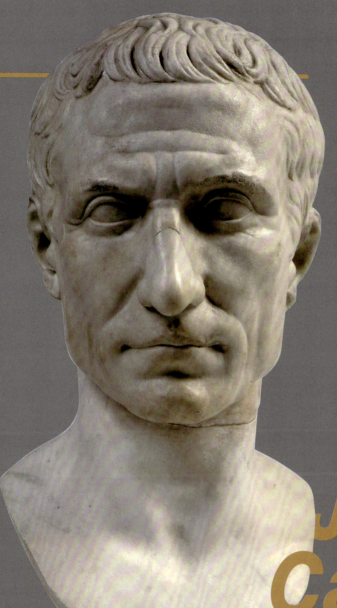

尤利乌斯·恺撒，公元前 100 年出生于罗马。他历任各种军政要职后，出任山北高卢总督，把罗马帝国的疆域拓展到莱茵河畔。公元前 55 年，他首次登陆不列颠，接下来几年镇压了维辛格托里克斯和高卢其他领袖的叛乱。公元前 49 年爆发的内战，导致庞培兵败身亡，恺撒很快成为罗马帝国独裁官。公元前 44 年，恺撒死在一群密谋分子手里。

◁ **恺撒的大理石半身像**

总高度为52厘米（脸部有26厘米高），可追溯至奥古斯都时代，收藏于梵蒂冈博物馆。

Julius Caesar

内容提要
★ ★ ★

全书以第三人称叙事的方式记述了恺撒征服高卢人、日耳曼人和不列颠人的历次作战的详细经过，是关于高卢战争的第一手资料，也是古代高卢和日耳曼地区最古老的历史文献。本书文辞精炼、清晰，常被拉丁语学习者作为第一部用于精读的原典。有学者认为这部作品很好地塑造了一个伟大统治者的形象，实事求是的语气和简单易读的文字使人们更容易接受恺撒离奇的说法。

恺撒大理石雕像

位于巴黎杜伊勒里宫花园，安布罗焦·帕里西（Ambrogio Parisi，1676？—1719）制作。

Julius
Caesar

摘录

★ ★ ★

（高卢战争期间，公元前 54 年，恺撒第二次入侵不列颠。）

恺撒亲自率领 5 个军团和剩下的 2000 名骑兵，日落时拔锚起航。起初有平和的西南风送了他们一程，但午夜前后风停了，潮流导致舰只偏离航向，天明时刻，他们才发现不列颠岛已在左舷后方很远处。待潮水转向，士兵奋力划桨，直奔去年发现的最佳登陆点而去。在这期间，士兵的表现极其出色，一刻不停地全力划桨，满负荷的运输船，速度竟然与战舰不相上下。所有舰船正午时刻抵达不列颠，可岸上没有一个敌人。恺撒事后从俘虏口中获悉，敌人原本集结了大批军队，但一看到我军舰队如此庞大，立即撤离海岸，躲到高处去了。

恺撒命令军队弃船登岸，选择合适的地点安营扎寨。他从俘虏处获悉敌军驻扎的地点后，就在海边留下 10 个步兵大队和 300 名骑兵守卫舰只，午夜过后，亲自率领军队迅速朝敌人的方向而去。舰船停靠在一片松软而又开阔的沙滩边，所以无须担心，这些舰船和守卫部队由昆图斯·阿特里乌斯指挥。恺撒率领军队彻夜赶路，跋涉 12 英里后，终于发现了敌军。敌人把战车和骑兵开到河边，企图从高地阻截我军。

我军骑兵击退敌人，对方躲入树林不见了踪影，原来他们早就充分利用自然条件构建了一处坚实要塞。毫无疑问，这是在以往的蛮族内战期间修筑的，因为要塞所有入口都以砍倒后紧密排列的树木堵住。小股敌军不时冲出树林，企图阻止罗马人突破他们的防御。第七军团的士兵头顶盾牌，在敌军工事外积土筑墙，一举攻下这里，以几人负伤的代价把敌军赶出树林。但恺撒不许部下追赶太远，因为他们不熟悉当地形，并因为天色渐晚，他打算加强营寨的防御工事。

次日清晨，恺撒把步兵和骑兵分为三路，继续追赶四散逃窜之敌。他们追击一段距离后，看到敌人就在前方不远处。这时，阿特里乌斯派来的骑兵传令兵向恺撒报告，昨晚遭遇特大风暴，几乎所有舰船统统损毁，要么就是被冲上海岸；风浪实在太大，超出船锚和缆绳的受力极限，水手和船长束手无策，结果船只彼此碰撞，损失很大。

▽ 某个1469年版本的扉页

施温海姆和潘纳茨于罗马印刷。

▷ 1482年在威尼斯印刷的版本

摘录

★★★

　　获悉此事，恺撒立即命令军团和骑兵停止追击，收兵返回。他回到海滩，亲眼看见了传令兵描述的灾难情形，大约 40 艘舰船彻底损毁，其余的即便能修复也要大费周折。因此，他从军中抽调能工巧匠，又命令从欧洲大陆召集更多工匠增援，还写信给拉比努斯，让他率领麾下部队尽量多造船只。另外，虽然耗时耗力，但他还是决定，把所有船只拖上岸来，修筑防御工事围拢这些船只和营寨。士兵日夜赶工，但这项工作还是用了 10 天左右才完成。

　　待舰船拖上岸来，营寨得到强化后，恺撒留下原先值守舰队的队伍，自己赶回先前折返的地点。他刚回去就发现不列颠人集结了更多人马，正从四面赶来，首领是卡西维拉努斯，蛮族一致同意由他统领所有部队。卡西维拉努斯的领地，距离海边 75 英里左右，与沿海各部落以泰晤士河隔开。先前他一直与其他部落交战，但我军的到来把不列颠人吓坏了，于是他们推选卡西维拉努斯担任最高统帅……

　　我军骑兵在行进中与不列颠骑兵和战车展开激烈的遭遇战，我军处处占据上风，把敌人赶进树林和山岗。由于我军追击过猛，虽说杀死许多敌人，但自己也有些损失。战事稍歇，趁我方士兵忙于加强营寨，防备稍有松懈之际，敌人突然冲出树林，袭击营寨前方的执勤前哨，双方再次激烈交锋。恺撒立即派两个步兵大队赶去支援，他们是两个军团的前卫，但两个大队采用了头尾相连的闭合阵形，我方士兵一时间还不适应新战术，敌人就从两队间的缝隙大胆突围，毫发无损地逃脱了。当天，军事保民官昆塔斯·拉贝里乌斯·杜鲁斯阵亡。恺撒又增派几个步兵大队，终于击退

了敌人的进攻。

　　双方在营寨前展开激战，很明显，我方步兵盔甲沉重，与这样的敌人作战多有不便，对方撤退时无法奋起直追，也不敢轻易离开各自的战旗。我军骑兵同样如此，他们发现与对方的战车作战非常危险，因为不列颠人经常佯装撤退，把我军骑兵从军团引开后，跳下战车改为步战，往往能占据上风。与对方的骑兵交战，我方也没有优势。他们的骑兵战术导致我军无论进退都很危险。另外，敌人从不采用密集阵形，而是分成多支小股部队分头作战，部队间距很大，各处还有预先安排的预备力量，这样一来，他们的作战部队相互掩护，新锐预备队可以迅速接替疲惫的部队。

　　次日，敌人占据了距离我方营寨不远的几座山头，他们又分成多支小股力量出现，不时扰乱我方骑兵，只是不及前一天那般气势汹汹。但当日中午，恺撒派 3 个军团和所有骑兵，在副将盖乌斯·特雷博尼乌斯率领下外出征粮，敌人突然从四面八方扑向这支征粮部队，进逼到我方军团战旗下。我军发起强有力的反冲击，击退敌人，并迅速展开追击，骑兵仰仗身后有军团支援，也奋起直追，打得敌人狼狈逃窜，死伤惨重，余部既无法集中，也无法站稳脚跟，甚至来不及跃下战车。

　　经历了这场惨败，各部落聚集在卡西维拉努斯麾下的队伍迅速土崩瓦解，此后，不列颠人再也不敢以全部兵力与我军正面作战。

［以米拉的译本（《高卢战记》，中信出版社，2013 年）为基础，作了修改］

△ 捉对厮杀的罗马人与高卢人

埃瓦里斯特-维塔尔·卢米奈斯（Evariste-Vital Luminais，1821—1896）绘于1876年，收藏于卡尔卡松美术馆。

《论将》
The General

"根据眼前的情况选择较好的阵地，清楚哪些地形更加有利，这是精明的将领必须具备的素质。"

摘录
★ ★ ★

精明的将领以寡敌众时，会选择，更准确地说，会习惯性地寻找防范敌人实施包围运动的地形，要么沿河岸部署军队，要么选择山区，利用山脉阻挡企图达成迂回的敌人，并在山顶上部署少量兵力，以防敌人攀爬到己方主力上方。这方面不仅需要军事科学知识，运气也很重要，因为能否找到合适的地形全凭运气，谁也无法自行准备有利地形。不过，根据眼前的情况选择较好的阵地，清楚哪些地形更加有利，这是精明的将领必须具备的素质。

那些统率实力强大、兵力众多的军队的将领，通常以新月队形前进，他们认为敌人也希望展开近战，因而诱使对方投入交战，待新月形编队的边缘击退敌人，对方沿原路退却之际，他们就以两翼顶端的部队卷击、截断对方，继而形成完整的包围圈。面对以这种队形进逼的敌人，为将者不能采用同样的新月队形，应当把自己的军队分成三个部分，以其中两股分别抵御两翼之敌，但面对新月凹部的第三股力量不能前进，应当停在敌军对面。

这是因为，如果敌人保持新月队形，他们部署在中间的部队就派不上用场，只能停在原地无所作为；可如果对方企图全军进击，就得把新月队形改成一列横队，势必导致部队簇拥在一起，丧失队形，因为两翼仍在原处战斗时，不可能把新月队形变换成一列横队。然后，趁敌人混乱不堪、队列参差不齐之机，为将者应当投入担任预备队的第三股力量，打击从新月队形中间混乱向前的敌军。如果敌人保持新月队形，并

Onasander

▷ 古希腊
科林斯式
青铜头盔

欧纳桑德生活在公元 1 世纪,《论将》一书可能写于公元 55 年前后。他似乎是柏拉图派的哲学家,是否有过军旅生涯无从考证。欧纳桑德显然从色诺芬那里获益颇多,但他的著作似乎又给拜占庭的作家造成强烈的影响。

内容提要

★★★

这部作品以平实的风格论述了一个有德行和军事上成功的将军所应具备的道德、社会和军事素质及态度。它还涉及诸如对幕僚的选择,对战争的态度,宗教职责,军事编队,在盟国和敌国的行为,困难的地形,营地,演习,间谍,卫兵,逃兵,战斗编队和演习,最后是胜利后的行为。

不变换阵形,为将者应当派轻装部队和弓箭手打击对方,定能给敌人造成严重损失。

　　如果他以整个方阵前进,斜向抗击敌人的一翼,就新月队形的包围运动而言,这种进攻方式正确无误,因为敌人的整支军队在很长时间内无法逼近,会一点点陷入混乱。原因很简单,他们只有一翼的兵力投入战斗,也就是那些率先迎战对方斜向进攻的士兵。

　　有时候,面对敌军之际,装作惊慌的模样逐步退却,或掉转方向,佯装溃逃,实则有序退却,尔后突然转身打击追兵,也是个管用的策略。因为敌人有时候误以为对手正在溃逃,惊喜之余,一个个奋勇向前,打破队形贸然追击。此时转身打击追兵毫无危险,先前一直忙于追击的敌人,会被这种大胆、完全出乎意料的反杀打得惊慌失措,立即转身逃窜。

　　军队从盟友境内通过时,为将者必须命令部下秋毫无犯,不得劫掠和破坏;因为每支全副武装的军队都是残暴的,一有机会便会行使权力,只要看见中意的东西就会诱发贪欲;这些小小的原因会让盟友疏远,或导致他们充满敌意。但在敌国境内应当夺取财物、资源,因为财物损失和农作物短缺会缩短它们滋养的战争。但为将者首先要让敌人知道自己的意图,因为恐怖即将袭来的悬念,往往会驱使那些身处险境的人,还没遭受任何苦难就接受他们原先不愿接受的条件;而他们一旦遭受了苦难,就觉得最坏的情况不过如此,也就把日后的风险置之度外了。

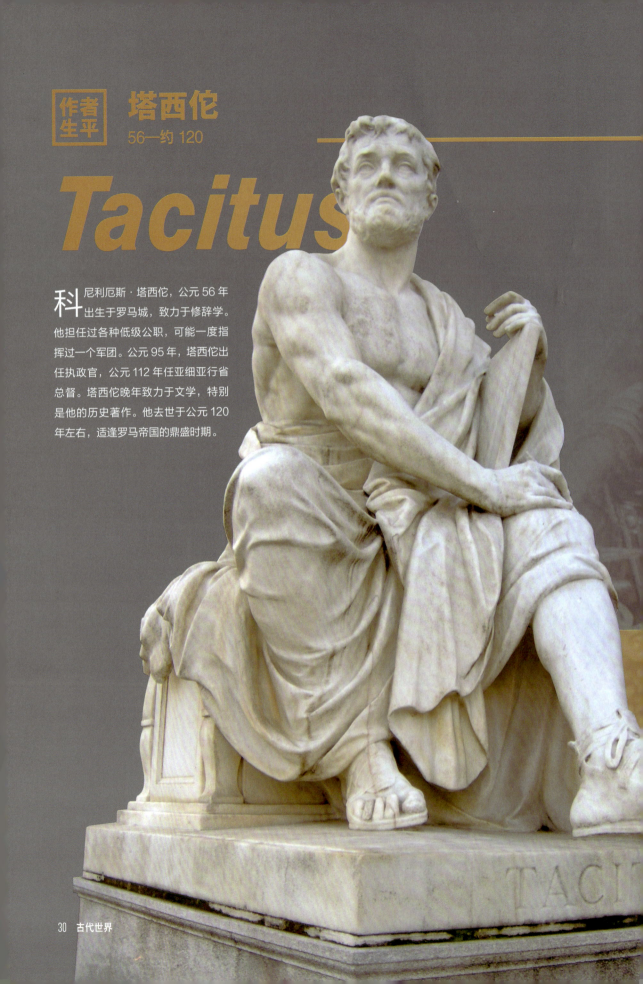

塔西佗
56—约 120

Tacitus

科尼利厄斯·塔西佗，公元 56 年出生于罗马城，致力于修辞学。他担任过各种低级公职，可能一度指挥过一个军团。公元 95 年，塔西佗出任执政官，公元 112 年任亚细亚行省总督。塔西佗晚年致力于文学，特别是他的历史著作。他去世于公元 120 年左右，适逢罗马帝国的鼎盛时期。

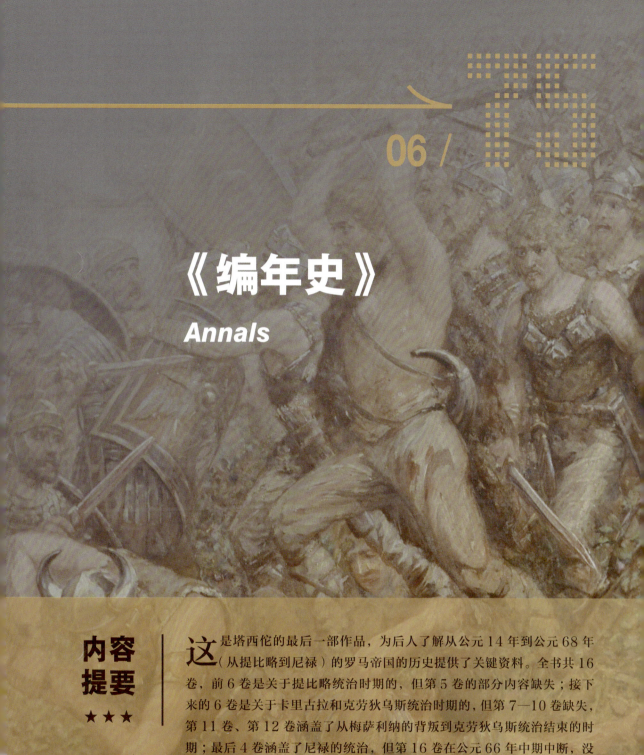

06

《编年史》
Annals

**内容
提要**
★ ★ ★

这是塔西佗的最后一部作品，为后人了解从公元 14 年到公元 68 年（从提比略到尼禄）的罗马帝国的历史提供了关键资料。全书共 16 卷，前 6 卷是关于提比略统治时期的，但第 5 卷的部分内容缺失；接下来的 6 卷是关于卡里古拉和克劳狄乌斯统治时期的，但第 7—10 卷缺失，第 11 卷、第 12 卷涵盖了从梅萨利纳的背叛到克劳狄乌斯统治结束的时期；最后 4 卷涵盖了尼禄的统治，但第 16 卷在公元 66 年中期中断，没有讲述尼禄统治的最后两年的历史。

摘录
★ ★ ★

（公元 16 年，伊狄斯托维索之战，又称第一次明登战役或威悉河战役）

阿米尼乌斯和其他日耳曼领袖也分别向他们的部下训话，提醒他们，这些罗马人不过是瓦鲁斯的溃兵，他们宁愿叛乱也不愿作战。有些人的背上伤痕累累，其他人饱受风暴和大海摧残。他们已被上天抛弃，再次面对凶狠的敌人，毫无获胜的希望。他们借助船只和最偏远的水域，以免遭到攻击，也好在溃败后摆脱追兵。阿米尼乌斯喊道："可一旦战斗到来，风和桨无法阻止他们的失败！"他敦促部下牢记罗马人是多么贪婪，多么傲慢，多么残暴。他掷地有声地指出，不自由毋宁死，决不做奴隶。

日耳曼人听完这番话激愤不已，齐声高呼与敌人决一死战。他们开入一片名叫伊狄斯托维索的平坦地区，此处在威悉河与丘陵间不规则地延伸，河流在某处向外弯曲，赋予这片平地一定的宽度，而在另一处，突出的高地又侵占了平地。平地后方是一片森林，树枝高耸入云，但一个个树干间则是空地。日耳曼人占据了平原和森林边缘，只有切鲁西人据守几座高地，等待战斗开始后冲下山去。罗马军队按照以下序列向前开拔：最前方是高卢和日耳曼辅助部队，徒步弓箭手紧随其后；接下来是 4 个罗马大队，以及日耳曼尼库斯率领的 2 个禁卫中队和精心挑选的骑兵；再往后又是四个大队，每个大队都获得轻步兵和骑马的弓箭手加强；其他辅助中队位于最后方。他们进入戒备状态，随时准备从行军纵队展开成战斗队形。

切鲁西人迫不及待地发起冲锋。见到这种情形，日耳曼尼库斯命令他最精锐的骑兵攻击对方的翼侧，斯特提尼乌斯率领其余的骑兵，负责迂回攻击敌军身后，他本人也会在适当的时候赶到那里。日耳曼尼库斯看见了好兆头：8 只鹰在森林里飞出飞入。他喊道："前进！跟上这些罗马的鸟儿，它们是军队的守护神！"步兵投入进攻，最前方的骑兵冲向敌人的翼侧和后方。战场上出现了奇特的景象，两股敌军朝相反的方向逃窜：森林里的敌人逃往开阔地，开阔地的敌人逃入森林。

位于他们之间的切鲁西人被驱离山坡，阿米尼乌斯也在当中，他遍体鳞伤，不停地厮杀、喊叫，竭力让战斗继续下去。他拼尽全力冲向敌人的弓箭手，要不是瑞提亚、文德利基亚、高卢辅助中队的军旗挡住去路，也许他真能冲破阵仗。尽管如此，阿米尼乌斯还是凭借体力和战马的冲撞杀出重围。为不被敌人认出，他把血涂在脸上。据说罗马辅助部队里的卡乌基人认出了他，放他逃走了。英吉奥梅鲁斯也因为自己的骁勇或对方

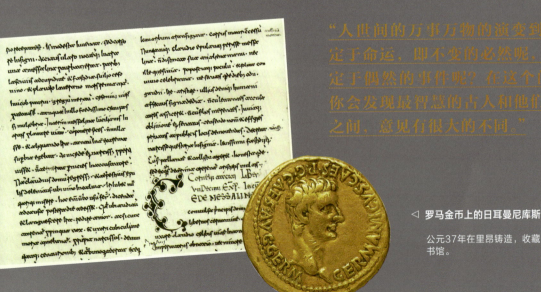

△ 唯一的中世纪《编年史》手抄本中的一页

出自 11 世纪的佛罗伦萨。

"人世间的万事万物的演变到底是决定于命运，即不变的必然呢，还是决定于偶然的事件呢？在这个问题上，你会发现最智慧的古人和他们的门徒之间，意见有很大的不同。"

◁ 罗马金币上的日耳曼尼库斯

公元 37 年在里昂铸造，收藏于法国国家图书馆。

放他一马逃得性命。其他人惨遭屠戮，有的想游过威悉河，结果死于投枪或被河水冲走，有的死于践踏，或被坍塌的岸堤活埋。还有些人爬到树上，躲在树枝间，弓箭手以射落他们为乐。罗马人砍倒树木，躲在树上的人跌落在地。

这是场辉煌的胜利，我军付出的代价微不足道。从中午到黄昏，我们一直在屠杀敌人，连绵 10 英里的地面上，到处是他们的尸体和武器。我们在战利品里发现了他们为罗马俘虏准备的锁链，看来，他们原本对赢得胜利充满信心。罗马将士欢呼提比略是战场上的胜利者，堆了个土墩，把武器作为战利品装饰在上面，还刻上他们击败的部落名称。日耳曼人悲愤填膺，这一幕比伤势、损失、破坏更让他们痛彻肺腑。原本打算渡过易北河移居远处的人，现在决心奋起反抗，一个个争先恐后地拿起了武器。

不同阶层、不同年龄的日耳曼人，对行军中的罗马人发起突然的破坏性袭击。最后，他们在河流与森林间选中一片狭窄的沼泽开阔地，环绕森林的是一片深深的沼泽，只有一面可供通行，安格里瓦里人早已在那里建了道宽大的土堤，作为他们与切鲁西人的分界线。日耳曼人把步兵驻扎在这里，骑兵隐蔽在附近的森林里，待罗马人进入森林，他们就可以从身后打击对方。这些布置没逃过日耳曼尼库斯的眼睛，他知道对方的计划和位置，也清楚他们的秘密和一目了然的部署，因而打算以彼之术还施彼身。他把图贝罗指挥的骑兵派往开阔地，步兵分开部署，一部分沿平坦的地面进入森林，另一部分攻克了那道土堤。他亲自指挥较困难的行动，其他任务交给麾下诸将。

沿平地行动的部队轻而易举地攻入森林，但进攻土堤的人简直就是在攀爬城墙，来自上方的攻击让他们损失惨重。日耳曼尼库斯发现战斗条件不利于近战，于是稍稍后撤几个大队，命令投石手采取行动击退敌人。与此同时，罗马人以机械装置射出长矛。暴露在外的守军死伤惨重，罗马人终于击退他们，一举夺得土堤，日耳曼尼库斯亲自率领禁卫中队冲入森林。双方在那里展开贴身近战。敌人背靠沼泽，罗马人的身后是河流或山丘，双方不得不就地决一雌雄。勇气是唯一的希望，胜利是唯一的出路。

日耳曼人和我们的将士一样英勇，可他们的武器和战术注定了他们的失败。他们人数众多，挤在狭窄的空间里，既无法刺出，也无法收回硕大的长矛。他们被迫原地战斗，没办法利用冲锋的速度优势。而罗马人用盾牌护住胸膛，紧握剑柄，不停地攻击敌人庞大的身躯和暴露在外的面孔，强行杀开血路。

阿米尼乌斯要么是经历了太多险情，要么是伤势未愈，反正他不如以往那么勇猛。但英吉奥梅鲁斯在战场各处奋勇厮杀，虽说勇气可嘉，却无法力挽狂澜。为了让部下知道自己就在战场上，日耳曼尼库斯摘下头盔，命令部下杀光敌人。他不要俘虏，只有彻底消灭这些部落才能结束战争。临近黄昏，他才从战场上撤下一个大队安营扎寨。除了骑兵的战斗没取得决定性战果，其他人都与敌人浴血奋战，一直厮杀到夜幕降临。

日耳曼尼库斯向获胜的将士道贺，然后堆起缴获的武器，还刻上这样一段自豪的铭文：提比略皇帝的军队征服莱茵河与易北河之间的各族后，谨献于战神玛尔斯和神圣的奥古斯都。铭文上没有一句提到他自己，可能是怕招人妒忌，也许是觉得大家知道他的功绩就够了。不久后，他派出斯特提尼乌斯，命令道要是安格里瓦里人不赶紧投降的话，就消灭他们。安格里瓦里人毫无条件地乞求宽恕，因而得到彻底赦免。此时已值盛夏，部分军队沿陆路返回冬季行营，日耳曼尼库斯率领主力在埃姆斯河登船入海。

Germanicus

△ **日耳曼尼库斯胸像**

罗马皇帝提比略的继承人、养子。作为一位著名的将军，他广受欢迎，在死后很长一段时间里都被认为是理想的罗马人。日耳曼尼库斯就像是罗马人的亚历山大大帝，因为他们同样英年早逝，品德高尚，体格健壮，在军事上享有盛誉。此胸像收藏于圣雷蒙德博物馆。

33

The Death of Germanicus

日耳曼尼库斯之死

尼古拉·普桑（Nicolas Poussin，1594—1665）创作于1627年，收藏于美国明尼阿波利斯艺术馆。

07

《亚历山大远征记》

Anabasis of Alexander

◁ 里西波斯制作的亚历山大胸像

△ 1575年拉丁语版《亚历山大远征记》

Alexander

Arrian

弗拉维乌斯·阿里安，公元 86 年左右出生（也有说法认为，他公元 85 年至公元 90 年出生）于比提尼亚，公元 131 年被哈德良皇帝任命为卡帕多西亚行省总督，希腊人担任这项职务是史无前例的。公元 135 年，他打击阿兰人的战役大获全胜。他大多数时间在雅典度过，曾在那里担任公职。阿里安撰写过关于历史、地理、哲学的若干著作，还有些军事专著。去世于公元 160 年前后。

▷ 阿里安像

◁ **1544 年意大利语版《亚历山大远征记》**

这本书原属于英国大使约瑟夫·史密斯，山羊皮材质的封面中央是代表乔治三世的皇冠。

内容提要 ★★★

这本书是根据亚历山大大帝麾下大将托勒密记录的战史（后来遗失了）写就的，是研究亚历山大为将之道的主要资料来源。无论是书名，还是分成 7 卷的结构，都可看出阿里安模仿色诺芬的风格。书中内容不涉及亚历山大的早期生活，而是从公元前 336 年他登上马其顿王位开始，一直介绍到他去世，重点叙述了亚历山大征服波斯帝国的过程。

摘录

★ ★ ★

这就是亚历山大的前线部署态势，另外，为形成坚固的步兵核心，他还配置了预备兵团，应对敌人有可能从身后发起的攻击。他命令预备兵团指挥官，如果敌人实施包围，就掉转方向迎击对方深具威胁的进攻；如果方阵突然需要疏开或收缩，在右翼挨着皇家中队，由阿塔鲁斯指挥的半数阿格里安部队，就要和布里松率领的马其顿弓箭手，以斜角向前推进；克林德麾下称为老卫队的雇佣兵负责支援弓箭手。

阿格里安部队和弓箭手前方是阿里提斯和阿里斯托指挥的骑兵侦察队和培奥尼亚部队。米尼达斯指挥的雇佣骑兵担任前卫。部署在皇家中队和其他伙友部队前方的是另一半阿格里安部队和弓箭手，巴拉克鲁斯率领的面对波斯刀轮战车的长矛兵为他们提供加强。米尼达斯接到命令，如果敌人企图实施迂回运动，就立即掉转方向，打击对方翼侧。

亚历山大的右翼就是这样部署的；而在左翼与主力形成夹角的是西塔尔塞斯率领的色雷斯部队，两股力量为他提供支援：首先是柯拉努斯指挥的联军骑兵，其次是提里马斯之子阿伽松指挥的奥德里西亚骑兵。担任左翼兵团前卫的是希耶隆之子安德罗马库斯指挥的雇佣骑兵部队。色雷斯步兵奉命看守驮畜。亚历山大军队的总兵力为 4 万步兵和 7000 名骑兵。

两支军队逐渐接近，大流士和他的精锐部队已尽收眼底。严阵以待的有波斯皇家禁卫军（他们的矛柄末端镶有金苹果徽标），印度军队和阿尔巴尼亚军队，卡里亚和马甸弓箭手，这是波斯军队的精锐，在亚历山大推进中的皇家中队面前摆开阵势。亚历山大稍稍向右移动，波斯人立即做出应对，以左翼力量在很远的距离迂回马其顿人。与此同时，尽管大流士的斯基泰骑兵正沿马其顿军队的战线移动，已经与马其顿前卫部队发生接触，但亚历山大继续向右，几乎冲出波斯人前几天夷平的地带。

大流士知道，一旦马其顿人到达崎岖地带，他那些战车就派不上用场了，于是命令左翼骑兵前进，设法包围亚历山大指挥的马其顿军队右翼，阻止对方继续朝那个方向发展。亚历山大立即命令米尼达斯指挥的雇佣骑兵对敌人发起攻击。斯基泰骑兵和他们支援的巴克特里亚人立即反击，凭借兵力优势击退米尼达斯的骑兵，于是，亚历山大派阿里斯托指挥的培奥尼亚部队和雇佣军对付斯基泰骑兵。

这场进攻奏效了，敌军退却，但剩下的巴克特里亚部队与培奥尼亚人和雇佣军交战，顺利地收容了溃兵。双方的骑兵随即展开近战，马其顿人伤亡惨重，一方面是因为寡不敌众，另一方面是因为他们的人员和马匹配备的盔甲都不足。尽管如此，马其顿人不停地冲杀，一个个中队反复展开反击，终于攻破了对方的队形。

阿尔贝拉会战

又称高加米拉会战，发生于公元前331年。亚历山大在波斯人选择的战场上以少敌多，击败了大流士三世的波斯大军，获得了君临世界的地位，由居鲁士二世建立的波斯帝国也自此终结。"部队纪律的价值在这场会战中表现得淋漓尽致：波斯阵线出现空当导致无法挽回的致命崩溃，而马其顿阵线出现空当却只造成了暂时混乱，并没有影响到部队士气，马其顿军队很快便整理好队形准备再次投入战斗，波斯人则直接溃败了。"

Arbela

◁ 阿尔贝拉会战

夏尔·勒布兰（Charles Le Brun，1619—1690）绘于1669年，收藏于卢浮宫。

"他永远要把目光投向远方，寻找那些他还未见过的东西。他永远要胜过对手。实在没有对手时，他还要胜过他自己。"

▽ 提到了这一历史事件的泥板残片

泥板上是楔形文字。这块残片发现于伊拉克，现收藏于大英博物馆。

摘录

★ ★ ★

亚历山大挥军向前之际，波斯人把他们的刀轮战车投入战斗，企图借此打乱亚历山大的战线。可结果让他们大失所望，因为战车刚刚出动，就遭到阿格里安人和巴拉克鲁斯的投枪兵投掷的武器打击，这些士兵部署在伙友部队前方，接下来，他们先是夺过缰绳，把驭手拖下战车，然后围住马匹，把它们砍倒。有些战车顺利冲过，可毫无作用，因为马其顿人预先接到命令，遭遇刀轮战车攻击的话，就分开队形，放敌人的战车通过。他们奉命行事，结果战车和驭手毫发无损地冲过去了，可随后就被皇家禁卫军和军队里的马夫俘获。

大流士投入步兵主力，亚历山大随即命令阿里提斯进攻企图迂回、包围马其顿军队右翼的波斯骑兵。他率领纵队继续前进，可是，奉命为企图包围马其顿军队右翼的战友提供支援的波斯骑兵，运动期间在波斯军队正面造成了缺口，这正是亚历山大等待的机会。他迅速冲向缺口，率领伙友骑兵和这段战线上的所有重装步兵排成楔形队形，呐喊着攻向大流士所在的地点。

一场近距离厮杀随即爆发，但很快就结束了，因为亚历山大一马当先，率领马其顿骑兵奋勇攻击，与敌人展开白刃战，一根根长矛扎向波斯人的脸，步兵方阵紧密排列，林立的长矛增添了势不可挡的威力，自战斗开始就一直待在阵前的大流士，发觉身边险象环生，率先掉转马头逃之天天。迂回马其顿军队右翼的波斯人，也被阿里提斯和部下的猛烈进攻击溃。

战于这片地段的波斯人大败亏输，马其顿人奋起追击，策马砍杀溃敌。但西米亚斯麾下的兵团无法与亚历山大会合，共同追击敌军，而是被迫坚守，在原地继续战斗，有报告称马其顿军队左翼陷入困境。他们的防线在那里遭到突破，部分印度和波斯骑兵冲过缺口，径直攻往马其顿军队驮畜所在的后方。

▷ **亚历山大的军队发起决定性一击**

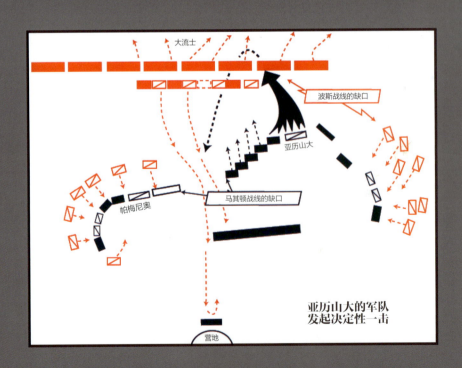

战斗相当艰苦，波斯人斗志昂扬，他们的对手大多手无寸铁，根本没想到敌人会取得突破——至少不会发生在这里，因为此处设有双重方阵。另外，先前被俘的波斯人也挺身反抗。不过，该地区几位预备队指挥官判明情况后，立即奉命攻向波斯人身后。大批涌向辎重车辆的波斯人死在战斗中，幸免于难者没有原地战斗，而是转身逃跑了。

在此期间，波斯军队右翼还不知道大流士已逃离战场，他们设法包围亚历山大的左翼，打击帕梅尼奥的翼侧。此处的马其顿军队遭到两面夹击。

帕梅尼奥赶紧向亚历山大告急，说他这里形势危急，急需救援。亚历山大赶紧停止追击，率领伙友骑兵掉转方向，全速冲向波斯军队右翼。他首先接触的是正想逃离的敌骑兵，随后就与帕提亚人、部分印度人、波斯最强大最精锐的骑兵部队展开厮杀。整场会战最激烈的战斗就此爆发。一个个波斯骑兵中队列队冲锋，并肩扑向敌人。双方把机动、投掷标枪这些传统骑兵战术抛到脑后，每个人各自为战，竭力突破，仿佛这是他们唯一的生机。因此，所有人拼命厮杀，毫不留情，打击敌人，也被敌人打击，他们现在纯粹是为自己的生存而战，没人想过胜利还是失败。亚历山大的伙友骑兵阵亡了60来人，科埃努斯、米尼达斯、赫费斯提翁都在战斗中负伤。

这场激战，亚历山大再次赢得胜利。残存的波斯人设法杀开血路逃离战场。

此时，亚历山大即将接触波斯军队右翼，但他的援助毫无必要，因为部署在这里的色萨利骑兵，战斗力丝毫不逊于亚历山大本人。他刚刚遭遇敌人，对方就退却了。于是，亚历山大掉转方向，再次追击大流士，一直追到天黑。帕梅尼奥也猛追自己的猎物，就在他身后不远处。渡过吕科斯河后，亚历山大停了下来，让人员和马匹稍事休整。帕梅尼奥率领他的部队继续前进，一举占领波斯人的营地，缴获了对方的辎重、大象、骆驼。

▽ 亚历山大与大流士的交锋

彼得罗·达·科尔托纳（Pietro da Cortona，1596—1669）绘于1644年至1650年间。

08

《兵法简述》
Military Instructions

内容提要 ★★★

作者依据史料论述了古希腊和古罗马的军事学术理论，论述了军队配备、编制和训练的问题，进行战争和战斗的重要法则，战斗队形，冲击和防御要塞的方法，进行海战的原则和攻城等技术。本书在中世纪，特别是在公元9世纪至公元16世纪很流行，尽管其中一些信息不适合后来的时代和环境，比如火药武器（如大炮）的广泛使用就让书中介绍的攻城战要点彻底过时。公元15世纪，这部著作译成了英文、法文、德文。

Vegetius

弗拉维乌斯·韦格提乌斯·雷纳图斯是公元 4 世纪的著名军事作家，不过，他的生平和军旅生涯无从考证。他撰写的《兵法简述》一书，虽然有些杂乱，也缺乏科学性，但对研究战争艺术的学者来说却是无价之宝。

◁ **搭载了军队的战船**

这幅插图取自15世纪在意大利出版的《兵法简述》，收藏于英国国家图书馆。

△ **拉丁语手抄本**

制作于1486至1501年间的威尼斯共和国，封面材质为山羊皮。

△ **17世纪初在法国制作的版本**

封面材质为小牛皮，收藏于荷兰国家图书馆。

摘录

★★★

双方在实战中旗鼓相当地摆开阵势时，可以布出七种决战的阵法。

第一种阵法把军队布成宽大正面的正方形，这是古今交战通常布列的阵法。但许多军事专家认为这种阵法并不理想，因为宽大正面延展开去的长长空间，地面不可能到处都很平坦，万一在中央地段出现某种间隙、弯道、凹地，这些地方就很容易遭突破。另外，如果敌人占有兵力优势，就能从两侧迂回你的右翼或左翼，倘若你手上没有用于向前挺进或阻滞敌人的预备队，就存在很大的危险。使用这种阵法的将帅必须掌握重兵，而且要比敌人更强，这样才能从两翼包抄敌人，像把钳子那样钳住对方，或者说张开双臂把敌人紧抱在胸前。

第二种阵法呈斜形，优点颇多。使用这种阵法，即便在有利地形上配置的精兵不多，哪怕优势之敌作战英勇让你手忙脚乱，最终你还是能取胜。

这种布势如下：列阵的部队即将冲突时，你应当让左翼远离敌军右翼，这样，他们的矛、箭就无法投、射到你的队伍；然后你以右翼与敌军左翼接战，在那里率先开始会战。以你的精锐骑兵和最富经验的步兵攻击敌军左翼，接战后包抄对方，迫使敌人后退的同时，绕到他们后方。一旦你在此处开始追击敌军，再加上己方辅助部队靠拢过来，就能稳操胜券，而你那些远离敌人的部队继续留在原地。

这种阵法呈类似于字母 A 或铅锤线的形状。如果敌人预先对你的意图有所察觉，就应当把这些部队，无论是骑兵还是步兵，都配置在列阵后面的预备队里。这一点我在上文提到过。要让他们随时准备支援左翼。这样，你就有了更多兵力，能够击退敌人，而不会被敌人的战术逼得后退。

第三种阵法与第二种阵法相似，缺点是开始交战时，你要用左翼与敌军右翼较量。问题是左翼的攻击往往是虚弱的，左翼部队发动攻击显然有困难。我想详细地解释这一点。即便你的左翼特别强大，还是要以最英勇的骑兵和步兵提供加强，接战时才能让它率先攻击敌军右翼，而且要尽其所能地迅速逼退、包抄敌人。既然你知道其他部队实力不济，就要尽量离敌人的左翼远点，以免遭到攻击，也可以让敌人投掷的矛够不到他们。采用这种阵法，交战时还要时刻留意，防止你的斜形兵阵被敌人的楔形兵阵攻破。这种阵法只在一种情况下对你有利，就是敌军右翼虚弱，你的左翼远强于对方时。

第四种阵法如下：你的部队正确地布好阵势，距离敌人 400～500 步时，你应当出其不意地迅速以两翼冲向敌人。这样一来，你就能在两翼迫使猝不及防的敌人溃逃，迅速赢得胜利。

采用这种阵法交战，只要你率领的是训练有素的精锐力量，就能克敌制胜，但也存在很大的危险：作战队伍被迫暴露中央地段，自身割裂成两部分。如果首次攻击没能击溃敌人，对方就会赢得有利时机，攻击你的翼侧和毫无掩护的中央。

　　第五种阵法与第四种类似，优点是在第一线正面前方配置轻装兵和弓箭手。凭借他们的抵御，战线不会被突破。这样，你就可以用右翼攻击敌军左翼，用左翼攻击敌军右翼。如果你能从两翼迫使敌人溃退，就能赢得胜利；即便出战不利，中央地段也不至于陷入窘境，因为那里有轻装兵和弓箭手护卫。

　　第六种阵法相当好，几乎与第二种相同。使用这种阵法的将领，往往无法指望麾下部队的实力和斗志。但只要组织得当，即便兵力较少，也能取得胜利。

　　你展开兵阵接近敌人时，用右翼直趋敌人左翼，在那里以最具经验的骑兵和最快捷的步兵投入战斗。这时要让其他部队尽可能远离敌军战线，让敌人拉成一条标枪似的直线。等你从翼侧和后方砍杀对方左翼时，无疑就能迫使对方溃退。

　　此时，敌人既无法从右翼，也无法从中央抽调援兵支援陷入困境的部队，因为你的部队已呈 L 队形展开，虽然离敌人还有相当一段距离。这种阵法往往在行军接敌运动时使用。

　　第七种阵法用于地形条件有利的情况。即便你的军队实力不济，也不见得精锐，但仍能顶住敌人的攻击。此时，你的一翼应当有山岭、大海、江河、湖泊、城池、沼泽地或陡峭的山崖掩护，敌人无法从这个方向接近。你可以把部队布成直线，把所有骑兵和轻装兵配置在没有自然屏障的那一翼，这样就可以放心大胆地与敌人交战，因为你的一翼有自然地形掩护，而另一翼集中的骑兵几乎是对方的两倍。

　　不过，始终要牢记一条很有用的规则：如果你只打算以右翼交战，就把最精锐的部队部署在那里；如果想使用左翼，就把最坚强的部队放在那边；倘若你打算在中央地带部署楔子，以此突破敌阵，就把最训练有素的部队置于楔子内。

　　赢取胜利往往并不需要太多兵力。因此，在英明将帅的运筹下，精锐部队必然置于理智和利益所要求的地方，这一点至关重要。

[以袁坚的译本（《兵法简述》，商务印书馆，2013 年）为基础，作了修改]

09

《哥特战争史》

History of the
Gothic Wars

普洛科皮乌斯
约 507—约 565

Procopius

普洛科皮乌斯，公元 490 年至公元 507 年出生于巴勒斯坦，学习过法律，拜占庭大将贝利萨里乌斯（又译为贝利撒留）远征波斯、非洲、意大利期间，普洛科皮乌斯担任贝利萨里乌斯的顾问。公元 543 年前，普洛科皮乌斯返回君士坦丁堡，随后可能担任了那里的长官。除了《哥特战争史》和一部关于建筑的著作外，普洛科皮乌斯还写了部《秘史》，但没有出版，他在《秘史》一书中猛烈抨击查士丁尼皇帝，而他在已出版的著作里却对这位君主大加颂扬。

◁ **查士丁尼一世及随从**

从服饰判断，画面右侧三位是神职人员；站在查士丁尼右边的那个蓄着胡须、头发茂密的人可能就是贝利萨里乌斯；站在查士丁尼左边的那位可能是纳西斯。这幅马赛克位于意大利拉文纳圣维塔莱教堂（Church of San Vitale）。制作这幅画是为了庆祝拜占庭军队重新征服意大利。

> "……聪明适合修辞，
> 创意适合诗歌，
> 只有真实才适合历史。"

内容
提要
★★★

本书属于他写的《战争》（*History of the Wars*，一译《战记》）的一部分。《战争》共有 8 卷，包括《波斯战争史》（2 卷）、《汪达尔战争史》（2 卷）、《哥特战争史》（4 卷）。全书主要由军事史组成，也有很多关于民族、地点和特殊事件的信息。普洛科皮乌斯在《哥特战争史》中，描述了拜占庭人在意大利采用的战略战术。

DAVID (Jacques Louis) 1748-1825
Belisaire demandant l'aumône

贝利萨里乌斯

　　拜占庭帝国查士丁尼一世皇帝手下的大将，为重新征服属于前西罗马帝国的大部分地中海领土做出了重要贡献。他用 9 个月时间便征服了北非的汪达尔王国，在哥特战争中征服了意大利的大部分地区。他还以军事欺骗而闻名：通过欺骗波斯人的指挥官，不经一战便解除了敌军对阿里米努姆的围困。据普洛科皮乌斯的《秘史》记载，贝利萨里乌斯与同时代的将领相比，受到的待遇非常不公。后来关于他的传说往往与其他人的故事混在一起，最著名的一个故事就是他被查士丁尼弄瞎了眼睛，晚年被迫在街上乞讨。

Belisarius

△ 沦为乞丐的贝利萨里乌斯被他从前手下的将领认出来了

　　题材源自传说故事。大卫（Jacques-Louis David，1748—1825）绘于1784年，收藏于卢浮宫。

摘录

★ ★ ★

（发生在罗马围攻战期间）

……贝利萨里乌斯认为此后他的军队应该对敌人展开战斗了。因此在第二天，他找来一个名叫图拉真的贴身卫士，命令这个勇猛而又主动的战士，率领守卫部队的200名骑兵直接去敌人那里，一旦逼近敌军营地，就到一座高高的小山上去（他已经给图拉真指明小山的位置），然后静静地待在那里。如果敌人朝他们发动进攻，无论如何不要与对方展开白刃战，也不要使用短剑和投枪，只用弓箭战斗。待所有箭矢射完，他应当拼命跑回己方工事，不必考虑是否丢脸的问题。

贝利萨里乌斯下达了这些指令后，就着手准备射箭器械，安排了精于使用这些器械的人。图拉真随后率领200名骑兵离开撒拉里乌斯门，朝敌军营地而去。哥特人看见对方出其不意的行动大为吃惊，于是冲出营地迎战，所有人尽量配备最好的武器。但图拉真的队伍却策马驰上贝利萨里乌斯指给他们的小山山顶，从那里用弓箭抗击敌人。由于他们是朝密集的大群人马射箭，因而射出的箭矢大多能命中人员或马匹。他们射光所有箭矢后，就拼命朝后方驰骋，哥特人紧紧追在他们身后。可哥特人逼近工事时，操纵机械的人就朝他们发射箭矢，哥特人惊慌失措，放弃了追击。据说哥特人这一仗阵亡了不下1000人。

几天后，贝利萨里乌斯又找来贴身卫士蒙狄拉斯和狄奥根尼斯，派这两位相当能干的战士率领300名卫士，去做图拉真先前做的事。于是，他们遵照他的指令行事。敌人又朝他们进攻，结果又遭受了不下于，也许多于上一场战斗的伤亡。这种情况甚至发生了第三次，贝利萨里乌斯派卫士欧依拉斯率领300名骑兵出击，以同样的办法对付敌人，又一次取得同样的战果。贝利萨里乌斯以上述方式进行的三次出击，杀掉了4000来名敌人。

但维提吉斯没有考虑两军在武器装备和战斗经验方面的差别，认为只要用一小支部队进攻敌人，同样能轻而易举地给对方造成惨重损失。

于是他派出500名骑兵，命令他们逼近敌军工事，对敌人的整个军队采用相同的战术，就像对方先前多次使用、以小股力量让他们遭受惨重损失的那种战术。于是他们来到距离罗马城不远，弩箭刚好射不到的一处高地。但贝利萨里乌斯挑选了1000名士兵，命令他们在贝撒率领下对付敌人。这支部队把敌人围住，不停地从背后射击他们，杀死很多人，然后不断进逼，迫使残敌逃离高地。实力并不均衡的两股力量随后展开白刃战，大多数哥特人阵亡，寥寥无几的生还者好不容易才逃回己方营地……

区别在于，实际上所有罗马人和他们的联盟者匈人，都是武艺精良的马上射手，而哥特人却不擅长此道，因为他们的骑兵只习惯使用长矛和剑，他们的弓箭手徒步作战，而且需要重装士兵掩护。因此他们的骑兵，除非从事白刃战，否则就没办法保护自己免遭敌弓箭手伤害，因而很容易中箭而殒命；至于他们的步兵，根本没有足够的力量进攻骑马的敌人。正是出于这些原因，贝利萨里乌斯宣称，罗马人在近期这些战斗中打败了蛮族。

［以王以铸、崔妙因的译本《战争史》，商务印书馆，2010年）
为基础，作了修改］

△ 公元500年左右的东哥特胸针

用来扣住斗篷，高12厘米。收藏于纽伦堡日耳曼国家博物馆。

▽ 查士丁尼一世时代的金币（复刻版）

最初于公元534年左右发行，纪念重新征服北非。金币上是查士丁尼，在马前方引导他的是胜利女神。

古代世界

文艺复兴与宗教改革时期

理性时代

大革命时期

19 世纪后期

20 世纪

附录

75

文艺复兴与
宗教改革时期

历史战胜了时间，
除此之外，只有永恒战胜了时间。

——雷利

格劳秀斯
1583—1645

"动机和借口
应当深深地植根于
真理与正义
的原则。"

Grotius

格劳秀斯肖像

米希尔·扬松·范·米勒费尔特
（Michiel Jansz. van Mierevelt，
1566—1641年）绘于1631年，收藏
于荷兰国家博物馆。

雨果·格劳秀斯，1583年出生于荷兰代尔夫特，很早就成为声望卓著的学者。他15岁编撰了一部百科全书，还陪同荷兰著名政治家约翰·范·奥尔登巴内费尔特前往法国法院。他在那里写诗，学习法律，回国后担任荷兰省官方史学家，这一年他才18岁。他参与了海事法的辩论，还把他关于这个主题的著作发展成对国际法的全面阐述，这部题为《战争与和平法》（*De Jure Belli ac Pacis*）的著作于1625年面世。他的余生致力于公共事务，特别是担任外交使节。格劳秀斯斡旋无效后，莫里斯亲王和激进的加尔文派1618年推翻了奥尔登巴内费尔特，判处格劳秀斯终身监禁。他藏在箱子里逃到法国，借助法国提供的养老金继续从事文学和科学研究。格劳秀斯晚年拒绝了本国请他担任政府高官的任命，但1634年出任瑞典驻法国大使。在这个职位上，他力图通过谈判来结束三十年战争，但没能成功。1645年在罗斯托克去世。

△ 1735年在阿姆斯特丹
制作的版本

《战争与和平法》
On the Laws of War and Peace

▷ 1654年版书名页

在安特卫普出版。左边是和
平女神帕克斯，右边是战争
女神密涅瓦。

▷ 1625年首版的书名页

内容提要
★★★

格劳秀斯在总结和借鉴前人成果的基础上，完成的人类社会第一部系统论述调整国家之间关系的规则的著作，奠定了近代国际法的理论基础。全书分成三个部分：第一部分界定了战争和正义，从自然法和神学的视角辩护了正义战争的可能性；第二部分讨论了正义战争构成的基本要素，涉及从共有物权到私人财产权的过渡，还论述了海洋自由；第三部分讨论了正当战争进行中的一些行为规则。

摘录

★ ★ ★

许多人以简明扼要的方式介绍或阐述民法，特别是罗马和其他国家的民法。但关乎几个民族相互关系的国际法，无论是源于自然还是秉承神令，或是依照习俗和默契形成的，几乎没人介绍，更没人以有序的方式做出整体阐述。可是，这种介绍和阐述关乎的是全人类。

出于我已陈述过的原因，我非常肯定，各国间有一种共同的权利法，对战争具有效力，战争中发生了许多严重的事件，促使我就这个主题撰写一部著作。

第一条自然法则（自我保护）中没有反战的内容；的确，所有内容都对战争有利：因为如果发动战争的目的是保全生命，保留或获得对活下去有用的东西，那么便与自然法原则是一致的……

接下来要考虑到，正当理性和社会性质并不是禁止一切武力，而是禁止那种被社会所唾弃，用于攻击他人权利的武力。因为社会的目标是借助共同的帮助和协议，让每个人安全地保有属于自己的东西。

加入战争的最后一个原因是人与人之间的关系，这个最普遍的原因足以促使他们伸出援手。塞内加等人指出，人就是为相互帮助而生的。这就引发个问题：人是否一定要保护他人，一个民族是否要保护其他民族免遭错误的侵害……另一个问题是：为保护另一国臣民，让他们免遭统治者侵害而发动的战争是正当的吗？

修昔底德笔下的科林斯人说，每个城邦都有权惩罚自己的臣民……但这一点仅适用于的确违反律例的臣民；我们还可以补充一句，案件有疑问的情况下也适用……可如果断案明显存在错误，那就另当别论。

因此塞内加认为，虽然他不是我国人，可他戕害自己的国家，所以我可以对他发动战争；正如我们谈到严厉的惩罚时说的那样，这种行为往往关乎保护无辜的臣民。我们当然知道，从古至今的历史上，企图占有他人财物者往往会使用这种借口，但坏人的借口，并不一定缺乏正确性。海盗使用航海术，航海术并不因此而非法；强盗使用武器，武器也并不因此而非法。

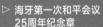
▷ 海牙第一次和平会议
25周年纪念章

但正如我们所说，所有战争中缔结相互支援的联盟，无论出于什么原因，都是非法的；所以，最可耻的职业是像军人那样行事，只问薪酬，不在乎事业正当与否；他们的座右铭是，谁给的钱多，谁就是正义的……

◆ ◆ ◆ ◆

战争不是一种生活行为，相反，它是件非常可怕的事，只有极度的必要和最大的仁慈才能让它名正言顺……

诚如萨卢斯特所言，好人发动战争时勉勉强强，而且不愿把战事推向极端。这句话就够了，但人类的功利心经常把人引上同一条道路：起初最为懦弱的人，与强大的对手长期斗争后，会变得非常危险。就像李维说的那样，好比一艘船上，我们必须派某些靠不住的顾问设法消除愤怒和希望，以避免更大的灾难。亚里士多德也这样说过。但这也是为了强者的利益，因为李维还说：要是他们认为和平是慷慨而又可信的，比一厢情愿地希望赢得的胜利更好，他们就会欣然接受。他们知道，战神在战场上两方都不帮。亚里士多德这样说过，狄奥多罗斯也这样说过。源于绝望的勇气最可怕，就像野兽的垂死反扑。

如果双方都认为彼此势均力敌，那么，就像恺撒说的那样，这是媾和的最佳时机，因为每一方都相信自己。鉴于我们说过的诚信的神圣性，无论在何种条件下达成的和平，必须尽一切办法遵守，不能背信弃义，还要避免有可能激怒对方的一切行为。

◆ ◆ ◆ ◆

但是，如果像经常发生的那样，他们收到参战命令，而他们很清楚这场战争是非法的，那么，就不能服从这种命令。

如果某人受到误导，认为上级的命令是不义的，那么，道理还是一样。正如我们上文所说，只要他心存疑虑，这件事对他来说就是非法的。可如果他无法确定整件事合法与否，他是该保持沉默呢，还是服从命令投身战争？大多数作家认为应当服从命令。他们觉得"要是你心存疑虑，就不要去做"的法则并不适用，因为思考问题时心生疑虑的人，做出实际判断时未必会瞻前顾后，他也许会想，对事情有疑问时，应当服从上级……他们还说，他造成的破坏是奉命行事，奉命行事的人没有错，破坏是当局所找的借口造成的。

可是，如果相关解释没能消除他们心中的疑虑，那么肯定是一位杰出的长官给他们灌输了"非凡贡献"的理念，而不是单纯地服兵役，要知道，世上并不缺愿意当兵的人，从军者并不都是道德端正者，国王同样会使用坏蛋，就连上帝有时候也利用魔鬼和非信徒自发的行为。

但我认为，参加一场无可置疑，但明显是非正义战争的臣民，也许能得到公正的辩护……所以说，如果敌人的意图很明显，明明能挽救敌国臣民的性命却不这样做，那么，这些臣民就可以根据没有被万国法剥夺的自然法进行自卫。

克伦威尔
1599—1658

克伦威尔肖像

萨缪尔·库珀（Samuel Cooper，1609—1672）绘于1656年。

Cromwell

奥利弗·克伦威尔，1599年出生于亨廷顿，在剑桥大学就读后回乡务农。他成了清教徒，还担任议会议员。英国内战爆发后，毫无军旅经历并已43岁高龄的克伦威尔参军入伍，此后他的职业生涯就是一连串胜利：马斯顿荒原战役、纳西比战役、普雷斯顿战役、邓巴战役、伍斯特战役。他粉碎了保皇党，击溃了苏格兰人，征服了爱尔兰人。克伦威尔作为新模范军总司令，1653年解散了议会，还自封护国公。他的军队击败了荷兰人和西班牙人，震慑了法国人，还控制了整个英国。1658年克伦威尔离世。2002年英国民众评选100位最伟大的英国人，克伦威尔排第10位。

△ 克伦威尔的旗帜

《致函尊敬的威廉·伦索尔阁下》

Letter to the Honourable William Lenthall Esq.

▷ 克伦威尔的纹章

摘录

★ ★ ★

（内战重新爆发后，克伦威尔在普雷斯顿击溃苏格兰人，他实施迂回战术，最终进抵苏格兰东海岸。）

一次全体会议上，大家认为向邓巴进军正合时宜，在那里加固城镇，我们认为此举有可能激起敌人应战，那里还有可供驻军的营房，我们可以安顿伤病员，那里还有个很好的军火库，正是我们急需的，由于天气的不确定性，全军登陆所需要的补给物资，很多时候无法运抵（从贝里克到利斯的整条海岸没有一座良港）。

我们还能从贝里克更加方便地补充步兵和骑兵。

基于这些考虑，8月30日星期六，我们从穆塞尔堡开赴哈丁敦，先遣骑兵旅、步兵、辎重在那里进入驻地，敌人以异乎寻常的速度开进，袭击我们落在后方的骑兵，给他们造成了一些混乱。的确，要不是上帝的意旨让云层遮蔽皓月，我方骑兵抓住机会返回本队，敌人很可能以全部骑兵力量打击我们的后卫骑兵队。

这场战斗，我们没遭受任何损失，还救了三四名先前提到的掉队者，我们认为，敌人的损失较大。

我军摆出合理的警戒姿态，临近午夜，敌人企图袭击我们设在哈丁敦西端的营地，但我们在上帝的庇护下击退了对方。

次日晨，我们开入哈丁敦南侧一片开阔地。我们判断，进入敌人占领的地域交战不太保险，他们在那里早已做好准备，所以，最好佯装退却，以此引诱敌人来与我们交战，当然，要让他们相信我们真在后撤。

我们等了四五个小时，看对方是否会追来，却发现他们没有任何发起追击的迹象，于是，我们决定按原定方案开赴邓巴……

议会的仆人

1642年1月4日，国王查理一世亲自带着400名士兵进入下议院会议厅，打算抓捕5名被指控犯了叛国罪的议员。伦索尔拒绝透露他们的行踪，并说出了那句著名的话："陛下，我在这里既没有眼睛，也没有舌头，只能遵从议院的指示，我是他们的仆人。"这是英国历史上第一次有下议院议长宣布，自己效忠于议会而不是遵从君主的意志。

▷ 查理一世碰钉子

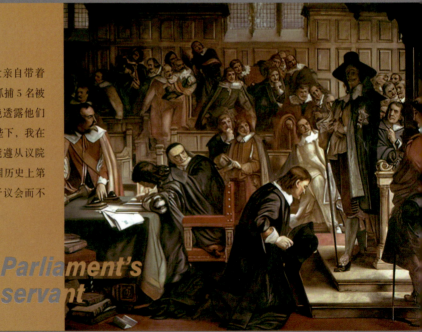

Parliament's servant

当晚，我们发现敌人正朝丘陵地带集中，竭力在我军与贝里克之间构设一道完美的中间阵地。这种情况下，他们占有很大的优势。另外，他们非常了解地形，把一股相当强大的力量派往科珀斯帕斯的险要山口，那里的地形可以说一夫当关万夫莫开……

到周一傍晚，敌人已集中大批兵力，据说有 6000 名骑兵，至少 1.6 万名步兵，而我军能战斗的兵员只有 7500 名步兵和 3500 名骑兵。

敌人把左翼三分之二的骑兵调到右翼，大部分步兵和辎重也集中在右翼，以此让他们骑兵的右翼依托海岸。

我们无从判断，敌人是想对我们发动进攻，还是打算占据有利的中间阵地。于是，我和少将来到罗克斯伯勒伯爵的府邸查看态势。我告诉他，我觉得眼前的情况的确是个好机会，完全可以对敌人发起攻击。他立即对我说，他也是这样想的。

感谢上帝，这一刻我们俩竟然不谋而合。我们叫来蒙克上校，向他介绍了情况，夜间我们返回营帐，把相关决定告知另外几位上校，他们也欣然同意。

就这样，我们确定了眼前态势下的作战方案：骑兵中将和少将率领 6 个骑兵团和 3.5 个步兵团担任前卫；副司令和蒙克上校指挥步兵旅遂行主要突击；普赖德上校的旅和奥弗顿上校的旅，以及剩下的 2 个骑兵团，应当带上火炮担任后卫。进攻时间定于拂晓，但由于某些延误，我们清晨 6 点才发动进攻。

敌人的口令是"盟约"，最近几天一直没变，我们的口令是"万军之主"。

◆◆◆◆

骑兵带着巨大的勇气和斗志向前冲杀，击退了负隅顽抗的敌人，冲过敌军战马的尸体，我方步兵起初受到些挫折，但在"万军之主"庇护下，挥剑冲破敌阵。

◆◆◆◆

阁下当能看出，这是上帝在此次战争中赋予英国及其人民最大的仁慈；请阁下再听我多说几句，不胜感激！

可以说一切归功于上帝；要是阁下耳闻目睹我们那些可怜的步兵向上帝顶礼膜拜、祈求庇佑就好了。但阁下，一切在您的掌握下，上帝不吝垂怜，把更多决定权置于您手，把荣耀归于上帝能提高阁下的威望，赞美上帝能获得祂的赐福。我们为阁下效力，不敢居功，一切归功于上帝；我们祈请阁下善待上帝的子民，因为他们就是以色列人的战车和骑兵。希望阁下掌握权力但谦虚谨慎，祛除矜持和傲慢，因为无论提出何种似是而非的借口，这种做派都会破坏英国的安宁。

解放被压迫者，聆听英国可怜囚徒的呻吟，乐于改革各行各业的弊端；要是有谁让大多数人贫困，而让少数人致富的话，便绝不适合存在于大英帝国。

长篇累牍有渎清听，诸多谅察。

克伦威尔顿首拜上
1650 年 9 月 4 日于邓巴

Naseby

1645年纳西比战役

此战是英国内战的转折点。查尔斯·兰西尔（Charles Landseer, 1799—1879）绘于1851年。

75

理性时代

今天的战争是正规军遂行的，
城乡居民没有参与其中，
所以，他们通常并不害怕敌人的刀剑。

——瓦特尔《万国法》

《梦想》
Reveries

"人生如梦，
但我的梦还不错。"

◁ △ 1757年法语版封面
和内页插图

内容提要
★★★

这本关于战争和战术的著作写于1732年，出版于1757年。书的第一部分研究了军队的招募、粮草、制服、训练、薪饷、扎营和移动，第二部分涉及战斗方面，包括如何在各种地形上进行攻击和防御。作者在书中介绍了很多关于养兵和练兵的程序上的创新。他对建立野战营地的描述很快成为标准程序。他的想法推动了武器技术的发展，包括设计专供步兵使用的枪支，以及接受后膛火枪和大炮。

赫尔曼·莫里斯·德萨克斯 1696 年出生于德国。德萨克斯 12 岁就在欧根亲王麾下从军，参加了马尔普拉凯战役，17 岁指挥一个德国团，着手实验步兵训练的新方式。1717 年，德萨克斯参加了从土耳其人手里夺取贝尔格莱德的战役，1726 年获封库尔兰公爵，次年遭俄罗斯人驱逐，返回法国。

德萨克斯参加了波兰王位继承战争，1734 年晋升中将，1741 年在奥地利王位继承战争中攻克布拉格。1744 年，他打算入侵不列颠，支持"小王位觊觎者"[1]，但一场风暴粉碎了整个方案。同一年，德萨克斯升任法国元帅，次年击败英军及其盟友，赢得丰特努瓦战役。他攻占布鲁塞尔，1747 年获得大元帅头衔，几乎完全掌控了荷兰。达成《艾克斯拉沙佩勒和约》后，德萨克斯因健康状况不佳退役，隐居香波堡，1750 年在香波堡去世。

[1] 指的是查理·爱德华·斯图亚特，他的祖父是 1688 年光荣革命中被废黜的詹姆斯二世。

▷ 德萨克斯

让-艾蒂安·利奥塔尔（Jean-Etienne Liotard，1702—1789）绘于1748年。

De Saxe

▷ 萨伏依的欧根亲王

雅各布·冯·舒佩（Jacob van Schuppen，1670—1751）绘于1718年，收藏于荷兰国家博物馆。

欧根亲王

17、18世纪神圣罗马帝国和奥地利哈布斯堡王朝的陆军元帅。他1663年出生在巴黎，在法王路易十四的宫廷中长大，19岁时决定从军。在长达60年的戎马生涯中，先后为三位神圣罗马帝国的皇帝服务，帮助哈布斯堡帝国摆脱了法国的征服，截断了奥斯曼人的西进。1736年在家中去世。

◁ 欧根亲王的胸甲

收藏于维也纳军事历史博物馆。

Eugene

摘录

★ ★ ★

我曾构想过一位统帅的画像，绝非凭空臆造，因为我曾见过这样的人。

身为统帅，最重要的品质是勇气。没有勇气，其他品质因为无从发挥而毫无价值。其次是智慧，必须聪明灵活，随机应变。第三点是身强体健。

统帅应该具备恰如其分地应对突发事态的才能。他应当看透对手的心思，同时不暴露自己的意图。他应该具备为一切做好准备的能力，根据判断及时采取行动，任何情况下都能做出正确的决定，还要有准确的洞察力。

统帅的职责非常多。他必须知道如何供养自己的军队，如何节约兵力；他要知道如何部署军队，以便按照自己的意图交战，而不是被迫应战；他要知道如何以各种不同的部署展开麾下部队；他还要知道如何把握交战期间决定胜败的有利时刻。这些都很重要，而且随不同的态势和部署发生变化。

为做到这一切，统帅在交战当天必须心无旁骛。他应当像翱翔的雄鹰那样，迅速查看地形和麾下部队的部署情况。完成后，他就要下达简明扼要的命令，例如："一线部队进攻，二线部队提供支援。"

统帅麾下的将领，要是不明白如何执行这道命令，不知道如何率领各自的师遂行恰如其分的机动，肯定是不称职的。所以，统帅用不着事无巨细地亲力亲为。要是他像战斗中的军士到处走动的话，那他就成了寓言里的苍蝇，自以为全凭自己，马车才驶上坡顶。

所以，交战当日，我主张统帅什么也别做。这样，他的观察会更清晰，判断会更明智，处于更好的状态，从交战期间不断变化的态势中获益。待他发现机会出现，应当全力以赴，全速冲向关键地点，掌握当面可用力量，亲自率领他们迅速前进。这是决定交战和赢得胜利的关键，重要的是及时发现战机，还要知道如何利用它。

欧根亲王就具备这种素质，而这种素质是战争艺术中最重要的，也是对大多数杰出天才的考验。我专门研究过这位伟人，在这一点上，我敢说我对他有深刻的了解。

交战当日，许多将领把时间用于确保部队沿直线前进，留意各部队是否保持了适当的间距，回答副官跑来提出的各种问题，把他们派到各处，自己也不停地跑来跑去。简言之，他们想事无巨细，结果却一事无成。依我看，他们简直就像把脑袋转到后面的家伙，再也看不见任何东西，只能做他们已做了一辈子的事情，也就是按照统帅的命令有条不紊地指挥部队。为什么会这样？因为他们很少关注战争更高层面的问题。他们这辈子就是操练部队，认为这是军事行动的唯一分支。待他们升任更高的职位，指挥大股兵团时就茫然无措了，他们不知道该如何是好，所以只能做他们知道的事。

战争艺术的一个分支是找到方法，有条不紊地操练和战斗；另一个分支是智力的运用，而运用智力绝不能交给普通人，这一点非常重要。

除非某人在战争方面是天纵英才，否则永远只是个平庸的将领。不只是战争，绘画、音乐、诗歌方面的天才也是如此，卓越是与生俱来的。所有崇高的艺术，在这方面莫不如是。这就是我们在科学领域见到的杰出人物少之又少的原因，几个世纪也没诞生一个。勤能补拙，这话没错，但没法提供灵魂，因为这是上天的杰作。

Battle of Fontenoy

摘录
★ ★ ★

我见过非常优秀的上校最终成了极为拙劣的将军。我还知道有些人夺取村庄非常勇猛，在大兵团编成内遂行机动相当出色，可一旦脱离兵团，甚至没办法率领一千人战斗，他们完全不知所措，无法做出任何决定。要是让这种人指挥大股兵团，他会四平八稳地部署麾下力量，力求自保，因为除此之外，他想不出其他办法。为了让部下更好地了解情况，他会下达大量命令，结果扰乱了整支军队的斗志。由于战争中的些许情况都有可能改变一切，他会设法变更部署，结果造成可怕的混乱，最终必然招致惨败。

我不喜欢激战，特别是战争刚刚开始的时候，我相信，一位技艺娴熟的将领即便

戎马一生，也不会被迫投入一场激战。

这是严重削弱敌人，积极推进战事的最佳办法。频繁的小规模交战完全能驱散敌人，迫使对方不敢应战。

我并不是说，粉碎敌人的机会出现时，我们不应该进攻对方，也不是说不该利用敌人犯下的错误。我的意思是，参与战争不要寄希望于机会。这是军队统帅实施指挥的最高境界。但在有利情况下投入交战，统帅应该知道如何从胜利中获益，最重要的是，他绝不能依据当前盛行的常规，只满足于战场上的胜利。

△ **1745年5月的
丰特努瓦战役**

德萨克斯将俘获的英国、荷兰战俘和军旗献给法王路易十五和王太子。奥拉斯·韦尔内（Horace Vernet，1789—1863）绘于1828年。

《山地战原则》

Principles of Mountain Warfare

摘录

★ ★ ★

山区最重要的军事要点是隘路，通常情况下，这些隘路难以通过正面进攻夺取。遂行进攻的将领必须想方设法迂回，必须部署部分力量把敌人的注意力牵制在别处，而不是他打算夺取的地方。

为此，领军将领最好把麾下军队分成若干股相对较小的力量，在其他地形采用这种做法很危险，但在山地却是必要和安全的，做出这种安排的将领可以在必要情况下重新集中麾下军力。因此，他必须做出相应的安排，以免敌人楔入他的军队分成的几股力量间……

意图发动进攻的将领应当把军队集中在三处，彼此的间距不超过一场行军的距离。利用这种部署方式，可以威胁 25～30 英里内敌人据守的所有要点，还可以把全部力量突然集中到中央或两翼。敌人被迫派部队防御每条遭受威胁的接近路线——他们企图处处设防，却导致各处的防御力量都很薄弱。

只要遂行进攻的将领注意保密，不泄露作战方案和初期运动，那么，无论敌人多么谨慎地准备好各部队间的交通，预先拟定某处遭受攻击的情况下重新集中兵力的命令，都无法把军力及时集中到那里。遂行进攻的将领通常能隐蔽地行军，必要情况下夜间开进，而防御方呢，接到警报、下达命令、把部队开赴遭受攻击的地点却需要时间。

德布尔塞

1700—1780

De Bourcet

让·德布尔塞出生于1700年，1719年加入法国陆军任工兵军官。和著名的前任沃邦一样，德布尔塞也在漫长的军旅生涯期间，致力于研究、积极运用围攻战的原则。同时，他也给法国陆军的常规编组和战略思想带来深远的影响。皮埃蒙特战役1742年打响时，德布尔塞担任蒙多凡要塞工兵主任。他亲自主持，拟制了法国南部的防御方案，最终促成巴西亚尼诺的胜利。德布尔塞1780年去世。

△ 德布尔塞的素描肖像

沃邦

1633年生于法国圣莱热－德富日雷，是公认的那个时代最伟大的工程师，也是西方军事史上最重要的工程师之一。他的防御工事构造原则被广泛使用了近100年，而他的攻城战术的某些原则直到20世纪中期仍在使用。他认为民用基础设施与军事效力密切相关，并参与了法国许多主要港口的建设，以及至今仍在使用的布吕什运河等项目。1707年于巴黎去世。

◁ 俯瞰新布里萨克

沃邦设计的最后一个防御工事，2008年被联合国教科文组织列为世界遗产。让-皮埃尔·洛齐（Jean-Pierre Lozi）拍摄。

"把麾下军队分成若干股相对较小的力量，在其他地形采用这种做法很危险，但在山地却是必要和安全的……"

◁ 蒙多凡要塞遗迹

位于法国上阿尔卑斯省吉耶斯特尔。莫索（Mossot）拍摄。

腓特烈大帝
1712—1786

《回忆录》《军事教令》

Frederick the Great

腓特烈肖像

安东·格拉夫（Anton Graff, 1736—1813）绘于1781年。

腓特烈1712年出生于柏林，是普鲁士国王腓特烈·威廉一世的继承人。他与父亲发生争执后企图逃往英国未果，军事法庭判处他监禁。腓特烈逐渐重获父王欢心后，到欧根亲王的军中服役，与伏尔泰和另一些著名知识分子结为密友。腓特烈1740年即位后吞并了西里西亚，在两次西里西亚战争中赢得一连串辉煌的胜利，1745年的《德累斯顿和约》承认了他对西里西亚的占有权。之后十年，他不遗余力地巩固国势，锐意整军。七年战争于1756年爆发，腓特烈在极度困难的情况下，独自抗击法国、俄国、奥地利联军。在战争初期他取得些胜利，但后来遭遇失利，全因沙皇彼得三世突然即位，俄国退出战争，腓特烈才免遭彻底败亡，还保留了西里西亚。此后，腓特烈专注于国内改革，1786年去世。

14

《回忆录》

Memoirs

> "书籍构成人类幸福的很大一部分。"

摘录
★ ★ ★

如果一个人无所事事地活着，生命有什么价值呢？要是某人仅仅把各种事实记入回忆录，读起来有什么意义呢？简言之，学而不思，前人的经验教训又有什么用呢？韦格提乌斯说过，战争是一门学问，和平则是实践，他说得很对。

各种经验值得研究，因为只有反复研究艺术家完成的某项杰作，才能准确理解各项原则，在闲暇和休息的时候准备好新材料加以实验。此类研究是应用头脑的产物，但这种勤奋很少见，相反，我们经常见到的是一辈子用力，却很少用脑的人。人与驮畜的区别在于思想，也就是把各种理念结合起来的能力。驮负辎重的骡子，哪怕在欧根亲王麾下经历了十次战役，也成不了战术家，必须承认，许多人从事的是本该受人尊敬的职业，终老一生却没能取得比骡子更大的进步，真是人类的耻辱。

大多数军官遵照军人的常规行事，忙于照料粮草和宿营事务，军队行军时跟着行军，宿营时跟着宿营，战斗时跟着投入战斗，在他们看来，这就是所谓的投身军旅、参加战役、戎马一生了。正因为如此，我们才见到大批军人忙于琐事，对作战事务懵然无知，在这种状态下逐渐退化。这些人不是在云端展翅翱翔，只知道在泥泞中有条不紊地爬行。他们从不迷惘，也永远不知道赢得胜利或遭遇挫败的原因何在。

◆ ◆ ◆ ◆

怀疑是安全之母。只有傻瓜才会相信他们的敌人，谨慎者绝不会这样做。将领是军队主要的哨兵，必须时刻注意保护自己的军队，绝不能让部下陷入危险境地。战斗结束后、陶醉于胜利时、认为敌人已彻底丧失斗志之际，往往会让人产生安全感。狡猾的敌人假意提出和平建议，受要弄的一方会产生安全感。精神懈怠，对敌人的意图缺乏估算，也会让人产生安全感。

为正确行事，我们必须设身处地地想象：如果我是敌人，我会怎么做？我会制定何种方案？应该尽可能多地制定些方案，逐一研究，最重要的是思考应对这些方案的办法……但切不可让这些推演令你心生怯意，过度谨慎不是件好事。

《军事教令》

Military Instructions

"对那些注定要投身军旅的人来说，和平时期用于思索，战争时期则把自己的想法付诸实践。"

摘录

★ ★ ★

以下是进攻战的特别要求：

1. 你的战略必须追求一个重要目标。只执行有可能实现的方案，放弃一切不切实际的计划。就算你不走运，无法完美贯彻一份伟大的方案，还是能比那些毫无计划、随意作战的将领取得更大的成就。只有在有望取得决定性胜利的时候才能投入交战。交战不仅仅是为击败敌人，也是贯彻己方战略的过程。要是没有这种决心，你的战略就会失败。

2. 切不可自欺，应该想到敌人针对你的方案会采取的一切应对措施，以免被对方打得措手不及。预先考虑到一切，你就为任何可能性做好了补救准备。

3. 了解对方将领的心思，你就能更好地预计敌军的行动，知道如何把自己的行动强加于对方，也知道以何种陷阱对付他们。

4. 发起战役时，你必须让敌人捉摸不透，不能让对方猜到你的军力会开赴哪一侧，更不能让他们知晓你构想的战略方案。

5. 始终设法出其不意，这是赢取胜利最可靠的办法。

势均力敌的战争中，应当注意以下几点：

1. 你使用的智谋和计策越多，占据的优势就越大。你必须欺骗对方，诱使他们犯错，继而利用对方的失误。

2. 始终定下这样的目标：一旦时机出现，就把战争转为己方的进攻。一切机动都要以此为目的。

3. 必须考虑到敌人有可能给你造成的一切破坏，采取谨慎措施加以防范。

4. 敌人遵守战争规则时，不要贸然进攻他们，应当毫不迟疑地利用他们犯下的最轻微的错误。放纵机会的人，不配抓住任何机会。

5. 不失时机地利用战果，全力追击败退之敌，尽力扩大既占优势，因为这种好事不太常见。

6. 多靠预见，少靠运气——军事行动中的机会仍会发挥巨大的影响。既要谨慎，又要及时抓住战机，这就够了。

7. 你必须实施游击战，击败对方的护卫力量，夺取他们的给养，袭击他们的军火库，经常打败他们的支队……和后卫，如果对方处于不利位置，就与他们交战，如果对方的冬季兵营缺乏警戒，甚至可以突袭他们的营地，凭借这些手段从敌人手里赢取优势。

防御战中必须遵守的格言如下：

1. 做好投入一切资源的准备，努力改变这场战争的性质。

2. 预计到敌人有可能对你方造成不利的一切企图，研究相关对策，以免落入对方彀中。

3. 选择牢靠的营地。敌人换防时，己方营地应当对他们的后方构成威胁。借此牵制敌军，另外还要切实地掩护己方军火库。

4. 多个小优势合起来就相当于大优势。设法让敌人敬畏你方，利用他们的恐惧之

△ **腓特烈的墓碑**

"老弗里茨"在无忧宫中的墓碑也延续了朴素风格。游客往墓碑上放土豆，是因为腓特烈曾下令在普鲁士各省推广种植土豆。汉内斯·格罗贝（Hannes Grobe）拍摄。

摘录

★ ★ ★

△ **1757年罗斯巴赫战役**

开战90分钟，普军击败了法国和神圣罗马帝国联军，取得了七年战争中的一次大捷。收藏于新奥古斯图斯堡博物馆。创作者不详。

情，达成牵制他们的目的。

5. 仔细策划你的所有运动，严格遵守战术、设置营地的格言和规则。

6. 要是你方掌握了优势，就该充分利用，若敌人犯下些许错误，就狠狠地惩罚他们，就像你是他们的老师那样。

如果你输掉一场交战后处于守势：

1. 你的后撤必须短暂。你必须让部下再次习惯面对敌军；一点点鼓励部下，等待报仇雪恨的最佳时机。

2. 使用智谋、诡计，传递假消息，让敌人陶醉于胜利中，然后你方趁机连本带利一并归还对方，洗刷失败之耻。

要是你的兵力不及对方一半：

1. 展开游击战，必要时变更驻地。

2. 不要分散麾下任何力量，你会被敌人逐一击败。确保全军一同行动。

3. 要是你方能以军队打击敌人的交通线，而又不会危及己方军火库，可以采取行动。

4. 你方的营帐门前必须昼夜有人站岗，时刻保持警惕。

5. 更多地考虑自己的后方而不是前方，以免陷入包围。

6. 不断思索有利于己方的新办法和新手段，改变欺骗敌人的手法，不时发起"装模作样"的战斗。

7. 可能的情况下，逐一击败、歼灭敌人，但不要投入激战，因为你方实力不行，会很容易败落。而设法争取时间，这是大多数技艺娴熟的将领应该能做到的。

8. 切不可撤往有可能陷入敌人包围的地方，牢记卡尔十二世在波尔塔瓦、坎伯兰公爵在施塔德的教训。

◆◆◆◆

关于固守待援的军队：

与援军会合前，采取任何行动都很危险。待合兵一处后，你再确定自己想要从事的行动。因此，部队集中期间，你必须待在防御最严密的地方。

通过本文你能看出，一位真正的将领需要掌握多少知识。他必须对政治有准确的看法，才能了解各国亲王和各个政治派系的意图，以及他们的相关情况；他要知道这些亲王及其盟友能把多少兵力投入战场；他还要判断他们的财务状况。他必须了解交战国的情况，以此作为制定一切战略的基础。他必须变位思考，从敌人的角度考虑问题，预测对方有可能给自己制造的一切障碍。最重要的是，为将者必须开动脑筋，必要时想出各种权宜之策、办法、手段。这一切需要学习和锻炼。对那些注定要投身军旅的人来说，和平时期用于思索，战争时期则把自己的想法付诸实践。

△ **1758年普鲁士步兵与哥萨克的战斗**

七年战争中的曹恩道夫战役在战术上没有结果，普军和俄军都坚守阵地并声称取得了胜利。埃米尔·欣滕（Emil Hunten, 1827—1902）绘于1862年。

劳埃德
约 1720—1783

《军事狂想曲》《德国近代战史》

◁ **劳埃德肖像**

霍勒斯·霍恩（Horace Hone，1754/56—1825）创作于1804年，收藏于威尔士国家博物馆。

Lloyd

亨利·劳埃德（有时候也叫作亨利·汉弗莱·埃文斯），据说 1720 年出生于梅里奥尼斯，是牧师的儿子。他的生活环境无从考证。劳埃德在法国陆军谋个一官半职的希望落空后，成为法国某修道院的凡人修士。他后来又在法国陆军的爱尔兰旅当上约翰·德拉蒙德的军事教官，获得德萨克斯元帅批准后，劳埃德随军担任骑兵绘图员，参加了丰特努瓦战役。

"小王位觊觎者"任命劳埃德为三管轮，授予他上尉军衔，劳埃德参加了 1745 年的起义。"伊丽莎白"号战舰与"雄狮"号交战期间，劳埃德负伤，但他还是和"小王位觊觎者"一同出现在卡莱尔。劳埃德前往威尔士执行任务，力图争取詹姆斯党人支持，他还装扮成神父，秘密前往英国西部各港口，可能是为法军登陆刺探情报。他在伦敦港遭逮捕，后获释返回法国。劳埃德晋升中校，1754 年又奉命潜入英国，进一步调查入侵的可能性。

劳埃德后来加入普鲁士军队，在奥地利陆军当了少将，还在围攻锡利斯特拉期间指挥过一个俄国师。战争进行期间，他至少有一次改投阵营。劳埃德最终在布鲁塞尔定居，1783 年去世。

《军事狂想曲》
The Military Rhapsody

"地面部队不算什么，海军陆战队才是唯一适合这个国家的军种，仅凭他们就能有效地防御、保护国家。"

内容提要
★★★

本书 1779 年出版，似乎源于 1745 年詹姆斯党人起义期间，作者跟随入侵军队出征的经历，此后他就成了秘密间谍。其观点发生了转变。他在书中详细阐述了各种防御措施，还谈到他对战争更加广泛的看法。本书全名为《一部关于入侵和保卫大不列颠和爱尔兰的政治和军事狂想曲》。

1745 年的詹姆斯党人起义

光荣革命后，原来的英王詹姆斯二世父子二人流亡法国，不断尝试复辟。支持詹姆斯二世和詹姆斯·斯图亚特（"老王位觊觎者"）一脉的王位诉求的党派，就叫作詹姆斯派。1745 年起义是 1689 年以来的一系列叛乱中的最后一次，发起人是"小王位觊觎者"查理·爱德华·斯图亚特。1746 年 4 月卡洛登战役中，詹姆斯派军队战败，宣告了这次起义以及斯图亚特王朝复辟事业的终结。

▷ "小王位觊觎者"（1720—1788）
休·D. 汉密尔顿（Hugh D. Hamilton, 1740—1808）绘于约 1785 年，收藏于苏格兰国家美术馆。

摘录

★ ★ ★

　　欧洲国家目前采用的战斗序列，许多方面存有缺陷，而且荒诞可笑。步兵和骑兵排成三列，导致战线拉得过长，丧失了一切能动性，而能动性是军事机动的灵魂，也是赢得胜利的唯一保证；应当确立这样一条格言：军队必须以最快的速度运动和行军，只有在这种情况下才能占据上风。

　　我们的军事制度排除了快速机动的一切想法，因此，我们的胜利永远不会彻底，更不会具有决定性，我们的进攻到达某个特定点就大幅度衰减，无论胜负，交战到此结束；敌人通常会秩序井然地撤离，因为我们的作战范围有限，行动缓慢，根本无法全力追击敌军；待对方占领邻近的高地，我们不得不重新发动进攻。

　　另外，骑兵在步兵翼侧排成一线，这个位置妨碍了全军的运动，因为除非全线向前，否则哪支部队都无法前进。骑兵所处的位置，既无法支援步兵，也得不到步兵支援。没等你把骑兵调到需要他们的地方，战机已然丧失。把骑兵部署在翼侧的理由荒诞不经，说是掩护步兵的翼侧，请问，骑兵的翼侧不是比步兵的翼侧更容易

遭受攻击吗？既然骑兵无法以任何方式形成翼侧来掩护自己，就更别指望他们掩护步兵的翼侧了。

　　为弥补这些缺陷，我谨此建议，所有步兵应当以这种方式部署：各个营、各个团之间保持 150 码间隔；这些间隔后方，我会把骑兵以适当的距离排成两列，各个中队分开，留下实施机动的间隔。

　　无论你朝敌军方向开进，还是敌军朝你这里而来，轻装部队向左右两侧疏开，直到次日才能知晓他们的情况。这种情况下，他们为何不能出现在军队的左翼和右翼，在适当的距离内攻击翼侧之敌呢？目前使用步兵的方式荒诞可笑，在我看来简直难以置信。400 ～ 500 名士兵，包括 100 名轻骑兵，分成一个个小组，潜伏在树林里、树篱后或道路附近，观察敌情的效果比投入万人好得多……

　　地面部队不算什么，海军陆战队才是唯一适合这个国家的军种，仅凭他们就能有效地防御、保护国家。

1745 年 5 月 11 日丰特努瓦战役

奥地利王位继承战争中的重大战役，劳埃德获得德萨克斯元帅批准后，作为骑兵绘图员参与此战。远景里可以看到整齐排列的骑兵和步兵。皮埃尔·朗方（Pierre L'Enfant，1704—1787）绘于 1747 年，收藏于凡尔赛宫。

《德国近代战史》

History of the Late War in Germany

摘录
★ ★ ★

举世公认，没有哪门艺术或科学比战争更加复杂；可由于人类莫名其妙的矛盾，从事战争职业的人很少或根本不下功夫研究它。他们似乎认为，高级军官懂得点无关紧要的琐事就够了。这种观点相当普遍，所以，当前各国军队讲授的东西寥寥无几，甚至什么也不教。军人学习的动作、队形变换等多种多样，而且不断变化，显然证明这些东西完全建立在反复无常的基础上。

和其他艺术一样，战争艺术也建立在某些固定的原则上，这些原则的本质是不变的，只是具体运用时有变化，但原则本身恒定不变。

我认为，这门最复杂的科学可以分成两部分：一部分是机械的，可通过训令传授；另一部分无法命名，也无法定义或传授。后者即是在有可能发生的无数态势和情况下，正确应用战争的各条格言和各项原则。这些东西没有规则，无论多么勤奋也无从学习或应用，更没有经验可谈，无论浸淫多久也无从传授。这些东西完全是天赋使然。

至于第一部分，可以简化为数学原理。其目标是针对有可能发生的各种不同的行动，为构成一支军队准备人力和物力。天才必须根据地形、兵力、部队的种类和素质，应用这些人力和物力，以此进行无限的组合。

这门艺术与诗歌和雄辩术一样，许多人确实能根据相应的规则写首诗或发表演说，甚至能按照最严格的规则创作；但由于缺乏热情和神来之笔，他们的作品平淡乏味。战争艺术同样如此，不少人牢牢记住每一条规则，可惜，需要应用这些规则时，他们却不知所措。这些人马上回忆各项规则，想让包括河流、树林、沟壑、山脉在内的一切符合这些规则；恰恰相反，他们的各项规则应当贴合当前的一切，这才是唯一的规则，也是我们应当遵循的唯一指导；不根据这种指导采取的一切策略都是荒诞可笑的。

这一切构成了战争的巨著，读不懂这本书的人，充其量只能获得英勇无畏的赞誉，绝对成不了伟大的将领。

18世纪中期的俄军军服

内容提要

★★★

本书详细研究了七年战争期间的各场战役，1766 年和 1782 年陆续出版了数卷，而作者在这场战争中先后担任过两方的指挥官，书中还包括作者对 18 世纪战争所做的结论。在 1782 年第二版中增加了《对战争艺术原则的思考》。这是作者影响力最大的著作，并给他带来了"现代战争原则之父"的美誉。

摘录

★ ★ ★

国王的指导，建立在战争最崇高的原则上。尽管他的军队远不如敌人，但凭借出色的机动，他可以在进攻地点集中比对方更多的兵力，两支军队的素质旗鼓相当的情况下，这一点深具决定性。

因此，为将者必须在和平时期研究有利于军队实施机动的各种队形变换，战时尽量选择能让军队隐蔽部分运动的战场，从而集中比敌人更多的兵力；倘若地形特点和敌人的警惕导致己方军队无法隐蔽运动，那么，可以发挥更大的机动性达成同样的目的，在遭受进攻的主要地点集中比敌人更多的兵力。一支精锐军队在历时一天的交战中，唯一的优势仅仅是，为将者能把多于敌人的兵力投入战斗；可如果他们不能灵活而又迅速地运动，而且无法同时采取行动的话，那么，兵力优势只会造成更大的混乱。

我们据此推导出一条通则：为将者借助自己的运动天赋或诡计，可以把更多兵力同时投入同一地点的交战，倘若双方士兵的素质相当，他必然占据上风，因此，必须摒弃一切不利于这种目的的队形变换。

◆ ◆ ◆ ◆

人们经常谈论骑兵的冲击力。要是他们指的是马匹相互推挤，以胸膛撞击的话，实在荒唐至极，法国人还为此用了个毫无意义的词，Coup de Pontrail……

实际上，如我们所知，我们从事的战役，通常不过是规模稍大的小战斗而已，因此，就像我前面说过的那样，以往的战争缺乏延续战事的手段，随战役结束而结束，而现在的战争已不同往昔。

◆ ◆ ◆ ◆

这曾经是，而且通常一定是远距离从事战争的问题，除非你在第一场会战中就取得决定性优势。当然，这种战争接下来能否赢得胜利，完全取决于你在一连串作战行动中的气势：如果一开始的行动就不具有决定性，以后就永远谈不上决定性了。

战争中的速度就是一切，特别是在开阔的战场上，例如波兰。我们假设一支军队里有 200 名木匠，再带上制造木筏的绳索，就能在一个月内击溃欧洲任何一支军队。鞑靼人仅凭他们的速度，就战胜、征服了大半个世界，而欧洲的军队，两个世纪内没能征服过任何一个幅员辽阔的省郡，因为他们所携太笨重了。

◆ ◆ ◆ ◆

承包商做的事情，比聪明的官员强不到哪里去。国家的本意是省钱，却让承包商发了财。他们毁了军队、骑兵、步兵，甚至毁了医院，因为他们供应的都是最垃圾的货色。

法国人是快乐、轻松、活泼的，支配他们的是短暂、一触即发的冲动，而不是任

▷ 18世纪中期的普军军服

何原则或情感；他们源于气候性质的感知能力相当敏感，因而会对目标产生非常强烈
的印象，但新目标出现后，他们马上以新的印象抹去先前的印象。所以，他们的进攻
猛烈而又危险，似乎集所有兽性于一身，形成一股强大的冲击力。这一瞬间，他们爆发
出的勇气势不可挡，但这股气势很快会耗尽，接下来的一瞬间，他们显得慵懒而又虚弱，
简直就像变了个人。

△ 18世纪早期的俄军军服

　　因此，与法国人交战的要诀是，必须让他们不停地运动，尤其是在恶劣的天气，
不停地攻击他们，决不能让他们按照自己的部署行事，要迫使他们跟着你的指挥棒转；
他们的急躁情绪很快会让他们犯下某些重大错误。如果他们的指挥官聪明而又谨慎，
拒不接受部下的无理要求，他们就会鄙视他，全军骚动混乱，甚至有人开小差。法国
陆军部目前致力于给军队灌输德国的军纪，全然无视民族性的差异，我对此举能否达
到他们预期的效果深感怀疑。天性只能逐渐改善，不可能彻底消除。

◆◆◆◆

　　但相关经验证明，俄国步兵远比欧洲其他国家的步兵更优秀，我甚至怀疑还有哪
国步兵能击败他们。不过，他们的骑兵比不上其他国家，所以我认为只有混编战斗序
列才能战胜他们。我们没法击败他们，必须把他们杀掉，只有步兵与庞大骑兵兵团的
混编力量才能做到这一点。

　　他们很可能像鞑靼人那样，总是心甘情愿地发动战争。他们侵占某个国家，大肆
蹂躏、破坏后离开，因为按照他们现行的做法，永远无法实现稳固而又持久的征服。
他们给自己设置了无法逾越的障碍。他们的轻装部队缺乏扎实的作战方案，总有一天
会毁了他们的军队。

《致函里克森少校》

Letter to Major Rickson

Quiberon Bay

七年战争

被广泛认为是历史上第一次全球性冲突，核心是英法争夺世界霸权。在欧洲，战争起于普鲁士和奥地利之间的领土争端；在北美和加勒比海岛屿，英国与法国、西班牙之间长期存在的殖民竞争引发了战争。此战后，英国开始崛起为世界上最主要的殖民大国和海军强国；法国在欧洲的势力稍有收缩，直到法国大革命和拿破仑的出现；普鲁士确认了其欧洲大国的地位，从而改变了欧洲的力量平衡。

△ **基伯龙湾战役**

发生于1759年11月20日，是七年战争期间一次决定性的海上交战，标志着英国皇家海军崛起为世界上最强的海军。多米尼克·塞尔（Dominic Serres，1722—1793）绘于1779年，收藏于格林威治皇家博物馆。

▷ **沃尔夫**

沙克（J.S.C. Schaack, 1732—1770）绘于约1767年，收藏于英国国家肖像馆。

Wolfe

詹姆斯·沃尔夫，1727 年出生于肯特郡。1741 年他在海军陆战队服役，但很快转入步兵团，参加了奥地利王位继承战争，1743 年在代廷根与法军作战。沃尔夫随后在坎伯兰公爵指挥下，镇压詹姆斯党人的叛乱，参加了卡洛登战役。1750 年，年仅 24 岁的沃尔夫升任团长。七年战争爆发后，他奉命赶赴北美，以一场大胆的两栖行动夺得路易斯堡。1758 年返回英国后，沃尔夫晋升少将，奉命指挥夺取魁北克的远征。次年，英军初期受挫，沃尔夫也染上肺结核重症，但他还是猛攻亚伯拉罕高地，以突袭攻克魁北克，确保了英国在北美的霸权，后沃尔夫在战役中阵亡。

短暂的军旅生涯期间，沃尔夫深入研究各种军事问题，成了众人嘴里的"怪人"。据说英国国王曾评论道："他是疯子？我倒希望他能影响其他将领。"

"那么，告诉里弗上校，切断他们从桥上的退路。现在，上帝保佑，我死得心满意足了。"

摘录
★ ★ ★

（这封信函是沃尔夫远征拉罗谢尔后，1757年11月5日写就的。）

由衷感谢你欢迎我班师回国。虽然这场远征发生了某些事情，可我并不后悔此行；一个人总是能从最致命的错误中学到些有用的教训。我发现，海军将领一旦出现在敌军港口前，就应该立即冲进去；他应当把运输船和护卫舰锚泊在尽量靠近登陆点的地方；他应当尽快侦察、观察登陆点，毫不耽搁地让部队上岸；他还应该就部队登陆、各种舰船的妥善安排、任命指挥官和合适的人选负责不同部门的工作预先下达指令。

另一方面，相关经历告诉我，干劲和速度至关重要的情况下，为将者应当确定自己的作战方案，这样，需要拔剑时就不会把时间浪费在闲谈和协商上；果断地前进是通向胜利之路，这种性质的战事更是如此；没有什么能成为行动中的障碍，实践中也确实没有发现；战争中的某些事情确实要靠机会和运气，因为战争的本质是危险的，而且是个艰难的选择；应当考虑战争的伟大目标，而不是实现目标途中的各种困难；国家的荣誉至关重要；特定时刻和特定状况下，哪怕损失上千名将士，对国家依然是有利的，因为这种英勇的行为能提高国家的声望，让国家受人尊敬，而相反的形象会降低国家的信誉，败坏军队的士气，在国内引发大量不安和不满。

亲爱的里克森，我真不知道该怎么说，或怎么解释我们的行动，我只能告诉你，这么多不称职的人凑在一起从事战争的情况前所未见，一个个拖拖拉拉，愚昧无知，优柔寡断，有些人毫无男子汉气概，根本不像军人，也不像水手。我已经够鲁莽的了，说得太多，可他们的所作所为，我再多说十倍也不够。所以，千万不要对外人提及这封信的内容，说到任何事情都别提我的名字。

整件事导致我们没能在罗什福尔登陆。送来的两份报告声称，那里的沟渠里灌满了水，与亲自去过那里的工兵主任的说法截然相反，依我看，撰写报告的人根本不值得信任，没这两份报告的话，我们应该登陆了，而且肯定会开往罗什福尔，我认为罗什福尔会在48小时内投降，或被我军攻克。可以肯定，那个国家没有什么力量能抵御我们的9000名精锐步兵，他们的军队必须严密防范上百万新教徒，所以根本不敢冒险集中驻军力量来对付我们。这些地区相当一段距离内，除了民兵，根本没有正规军。

国内民众缺乏战争历练，过着轻松悠然的日子，一个个收入颇丰，别无他求，更没有投身战斗的雄心壮志，他们不是能打赢战争的理想工具，在这方面，我看不出有什么更好的前景……

◁ **沃尔夫将军之死**

攻占魁北克让沃尔夫成为英国在七年战争和随后的领土扩张中胜利的标志。本杰明·韦斯特（Benjamin West，1738—1820）绘于1770年。

The Death of General Wolfe

《战术概论》
General Essay on Tactics

**内容
提要**
★★★

这部著作 1770 年出版后备受好评，但由于法国大革命，这部著作和它的作者很快被人淡忘了。作者在书中主要讨论了"战术基础""骑兵战术""轻型部队""炮兵战术"这几个方面的问题。

摘录
★★★

战术必须分成两个部分：一部分是基础的，有限的；另一部分是复合的，高超的。

第一部分包括营、中队、团的编组、指导、训练的所有细节。在这方面，不同国家的各种条例太多，附属制度太多，因而存在太多不同观点。目前让我们费心的正是这些细节，今后很长一段时间还会如此，因为每个人都把握了细节，还因为我们的国民反复无常，若不受控制，则原则和方法就会改变，最后是因为与创新或创新者打交道能名利双收。

第二部分，严格地说是为将者的技术，包括战争的所有重要特征，例如军队展开、行军序列、战斗序列等。因此，这门技术包含并符合选择阵地、了解地形的科学，唯一的目的是更加明确地决定部队的部署。这门技术与筑城的科学有关，因为相关工事为部队而建，而且是依据部队的规模；这门技术也与炮兵有关，因为炮兵的部署和使用，必须与部队的展开和部署相配合，他们只是为部队提供支援的附属品。

按照我的设想，战术分成两个部分，发展成单一的和高超的。它们成为所有时代、所有地方、所有兵种的科学；也就是说，即便我们的军兵种类型发生某些不可预见的变革，我们希望回到"深层秩序"，完全可以在不改变军队展开方式或编组构成的情况下做到。一言以蔽之，战术就是我们之前若干世纪好的军事经验，以及我们这个世纪所添加内容的产物……

De Guibert

德吉贝尔
1743—1790

作者生平

雅克·安托万·伊波利特·孔特·德吉贝尔，出生于1743年，年轻时加入了法国陆军。他撰写的《战术概论》让他成为巴黎上流社会的名人。德吉贝尔晋升上校后，指挥科西嘉军团，但他很早就从陆军退役，投身大革命前的政治活动，1779年出版了《现代战争的系统防御》，在某种程度上否认了前一部著作的观点。他还以诗歌的形式写过几部悲剧。由于平生抱负没能实现，个人生活也不尽如人意，他去世时喊道："我会出名的！我会获得公正的评价！"他的遗孀为了让他身后扬名，出版了他与莱斯皮纳斯小姐的往来情书，结果成为脍炙人口的情书名著。

我们不妨假定，一支军队的装备过于沉重，和我国军队一样，难以实施机动；而另一支军队编组恰当，机动性强，率领这支军队的将领反复思考过所有战术可能性。前一支军队会找个阵地，寄希望于这些防御阵地，行动必然缓慢而又艰难，还受到"确保补给物资"的限制，他们觉得，要是不把辎重部署在身后，肯定会打败仗。第二支军队轻装简行，机动性强，能实施大胆的强行军。他们总是处于攻势，决不固守阵地，对别人让他们进入的阵地嗤之以鼻。敌人会认为凭借这些所谓固若金汤的阵地就能挡住他们吗？他们知道该如何隐蔽运动，或不加掩饰，就在敌人的眼皮下逼近对方翼侧和后方。为实施这种运动，可能的情况下，他们会带上八天口粮，根本不携带辎重。

这种新式打法肯定让敌人震惊不已，那么，他们会如何应对呢？他们会等待一支能快速运动的军队从行军队形改为战斗队形吗？他们会等待这种军队展开后攻击自己的翼侧和后方吗？不作为，对敌人来说深具致命性。他们会变更阵地吗？这样的话，他们就丧失了自己依赖的有利地形，被迫在其他地方应战……

最后，我认为一支编组恰当、指挥出色的军队，切不可出现在阻挡自己前进的预设阵地前方，以免在不利条件下被迫进攻阵地上的守军；但也有些少见的例外，例如敌人的阵地毗邻他们打算掩护的地点，而且没给进攻方提供实施翼侧和后方机动的机会。德布罗伊元帅在法兰克福前方就巧妙地选择了这种阵地，他在那里赢得的辉煌胜利[1]充分证明了这一点。一般说来，一支军队还可以在他们打算扼守的独特隘路前方占据阵地，也可以部署在敌人不得不实施围攻处的前方，或非常靠近此处。其他任何情况下，我可以说，完全不用理会对方的阵地；迫使敌人离开阵地很容易做到，如果对方坚守不出，就在有利条件下进攻他们。正面是守军防御部署的重点，也是地形对他们最有利的方向，但进攻方完全可以打击他们的翼侧或后方，以及正面以外的任何一侧。

依我看，为将者若能摈弃既有偏见，肯定会让敌人震惊而又束手无策，不给对方喘息之机，迫使他们应战或不断退却。但这样的将领需要一支在编组方面与我们今天的军队截然不同的军队，他亲自编成的这支军队必须为执行他要求的全新战法做好准备。

△ 德吉贝尔肖像

昂热尔曼（G. Engelmann）
绘于1825年。

[1] 指的是七年战争中1759年的卑尔根战役。

91

琼斯
1747—1792

Jones

约翰·保罗·琼斯，1747 年出生于苏格兰，是园丁的儿子。12 岁那年，琼斯作为船上的侍者去了弗吉尼亚，在那里做了几年贩卖奴隶的生意，两次因为谋杀罪名被捕，但都设法逃脱了。他 1775 年加入大陆军新建的海军任职，率先在海上升起大联盟旗。他在独立战争中的英勇功绩，以他指挥的"好人理查德"号战舰与英舰"塞拉皮斯"号的交锋到达顶点，对英国承认美国独立发挥了重要作用，也创造了一段民族传奇。

琼斯受到美国国会冷落，却被法国上流社会视为英雄。叶卡捷琳娜大帝后来任命他为海军少将，派他指挥俄国舰队对付土耳其人，他后来返回法国，1792 年在法国病逝。

△ 琼斯肖像

胸前佩戴的奖章是法王路易十六授予的。查尔斯·威尔森·皮尔（Charles Willson Peale，1741—1827）绘于约1781年。

▷ **1781年9月5日的切萨皮克海战**

左侧是法国舰队，右侧为英国舰队。这场海战也被称为弗吉尼亚海角之战，或简称为海角之战，是美国独立战争中的一场关键海战，在战略上具有决定性意义。这幅画的创作者是 V. 兹韦格（V. Zveg），创作时间不详。

《致函海军中将凯尔桑》

Letter to Vice-Admiral Kersaint

"胜利总是源于迅速下定决心，果断发起攻击；
不愿冒险者永远无法赢得胜利……"

Count de Grasse

▷ **德格拉斯伯爵**

1781年的切萨皮克战役中
指挥法国舰队。让-巴蒂斯
特·莫泽斯（Jean Baptiste
Mauzaisse，1784—1844）
绘于1843年。

摘录
★ ★ ★

（这位"美国海军之父"居住在革命后的巴黎，去世前不久写下了这封信。）

我注意到，《法国海军史》的读者想必也注意到，法国海军的基本作战原则和行为准
则总是着眼于最直接或当前的机会，不太考虑稍远些的目标。总之，我可以说，法国海军
将领过去的策略是尽可能以大规模机动瘫痪对手的战斗力，而不是以大规模进攻歼灭敌人。

这方面的一个例子是德格拉斯伯爵从事的战役，这场联合作战期间，华盛顿将军
和罗尚博伯爵指挥的地面部队顺利迫使康沃利斯在约克镇投降……

亲爱的凯尔桑，您太了解我了，肯定不会觉得我是自吹自擂。您很清楚昔日在卡
里克弗格斯、老弗兰伯勒角、黑海利曼附近水域发生的事情，下面的话想必不会让您
认为我虚荣自负，要是我有幸或不幸处在德格拉斯伯爵的位置，对切萨皮克湾外海的
敌舰来说，肯定是一场灾难；让一支被击败的舰队遭遇灭顶之灾，远比让他们有序撤
往一处安全的港口更具有深远的意义。更确切地说，歼灭敌舰队的机会出现时，我会
把整个战役的联合作战策略抛到脑后。

我肯定会这样做！

德格拉斯伯爵错失良机，这让我嗟叹不已，因为我在任何情况下都不会这么轻率。

您肯定不会从这些粗略的评论推断出我学识有限，无法理解战术配合的高明之

△ **1779年弗兰伯勒角海战**

"好人理查德"号（右三）大战"塞拉皮斯"号（右二）。理查·佩顿（Richard Paton，1717—1791）绘于1780年。

处，不懂复杂机动需要的技能，更不明白各种深思熟虑和远见卓识，例如图卢兹伯爵1704年8月在马拉加近海以近乎兵不血刃的方式就把鲁克驱离地中海，拉加利索尼埃尔1756年以一场远程交战就把约翰·宾赶出梅诺卡岛，而这场交战唯一值得注意的伤亡，是宾爵士"没能消灭敌舰队"而被本国政府处决……

可是，亲爱的凯尔桑，对另一件事的沉思令我寝食难安，玷污了我的一切回忆，破坏了我的钦佩之情。不容否认的事实是……德格拉斯伯爵1781年10月在切萨皮克湾外海让格雷夫斯的舰只和舰员顺利逃脱，可1782年4月，罗德尼却率领这些完好无损的舰只和舰员，在圣卢西亚和多米尼加外海大败德格拉斯伯爵。

亲爱的凯尔桑，您当然知道，与上述将领相比，我亲身参与的海战少得多，而且微不足道。可如果我说，迄今为止我有幸迎战的敌舰和敌指挥官此后再没给任何人造成太大的麻烦，想必您会同意这种说法。的确，这些交战规模甚小，可这不是我的错，我以手头掌握的一切兵器尽到了最大的努力。

确保赢得小胜的行为准则、战斗格言、战术直觉，适当的机会出现后，总能帮着赢得大胜；因为人类的事务中，胜利总是源于迅速下定决心，果断发起攻击；不愿冒险者永远无法赢得胜利，这似乎是一条无情的铁律。

21

《论陆军的编组、军纪、经济》

A View of the Formation, Discipline and Economy of Armies

Jackson

罗伯特·杰克逊 1750 年出生于苏格兰，在爱丁堡读医学，还利用假期在格陵兰捕鲸船上担任医疗助手。杰克逊后来在西印度群岛行医，独立战争爆发后，他作为外科助理医师在纽约加入英国军队，在战斗中被俘。1782 年，他获得假释后返回英国，随后漫游欧洲各地，1794 年重新加入军队。杰克逊在欧洲和西印度群岛服役，重返过美国，半岛战争初期，他还担任过各所军医院的督察官。

杰克逊发表了一份关于军队医疗勤务管理不善的报告，结果导致自己的行医资格受到质疑。他殴打了一名质疑者，被判入狱六个月。获释后，他再次奉命去西印度群岛担任军医，1815 年返回英国。之后，他的职业生涯无从考证，但他在欧洲旅行了一段时间，研究各地的风土人情。1827 年杰克逊在苏格兰去世。

作为一名军医，杰克逊的战争观涉及他亲身经历的美国独立战争和几次拿破仑战争。

杰克逊

1750—1827

作者
生平

杰克逊肖像

本书在1804年首次出版，1824
年于斯托克顿再版，1845年于伦
敦三版。1845年版增加了作者的
肖像以及回忆录。

Yours most sincerely

Robert Jackson

他们不敢近战，但绝非缺乏勇气。这种勇气视情况而定，面对面的直接战斗全凭决心支撑，一旦翼侧遭迂回，或发现对方意图实施迂回，或正面进攻受到刺刀威胁，他们就立即退却。笔者认为，这似乎是独立战争期间美国军队作风的主要特征，从某种程度上说，这也是个环境特征，因而有理由相信，这是生活方式产生的各种习惯造成的。

美国民众作为军人的价值，在于使用火器的技能。据推测，这种技能源于他们在广阔大陆的河流、池塘、树林练习射击飞禽走兽。美国人习惯迂回，从掩蔽物后方射击，自己却害怕遭到迂回；他们也许对迂回的想法印象深刻，所以，只要发现针对他们的可疑机动，就会迅速转移；他们和其他军人不同，不习惯面对翼侧和后方。美国人惯于追逐胆怯的猎物，他们让猎物落入陷阱，而不是凭勇力搏杀，大胆面对敌人的勇气，靠狩猎是培养不出来的；而屡屡迂回猎物这种谨慎的习惯反而会减弱他们的勇气。

至于美国民众的军功战绩，正如他们在独立战争期间展现出的那样，平心而论，就连游击战也不太高明。美国人当兵是不得已为之，不是出于天分或喜欢当兵。他们不会心怀国家荣誉、热血沸腾地投入战斗。他们的天性几乎没有军事开拓精神；战争进行期间，他们在军事艺术方面的科学进步微不足道。他们也曾多次英勇地投入战斗，但缺乏顽强的斗志。堤坝、树木、篱笆的掩护非常必要，这样他们才有信心面对敌人。获得掩蔽物的情况下，他们能有效使用火器，一旦敌人逼近，他们就撤离，换句话说就是各自分散，到后方某个指定地点重新集中。

如果军事训练的目标是在实战中赢得优势，那么就该合理地评估每个人的性情和能力，从而准确了解他们到底有多少价值。为保持外表的整齐统一，把各个迥然不同的部分编入当前的军事机构，就事情的真正意义而言，纯属次要目标。实力而非外表的一致，才是真正的军事机构的基础。

军事工具的价值在于各部件的硬度，而不是外表的一致，所以，就像常说的那样，战术家的主要目标应该是按照"力量"和"硬度"安排队伍里的各个"部件"，而不是根据大小和外在相似性。可这里发生的事情，和其他许多事一样，人的聪明才智，更确切地说是臆测，抵消了他自己的设想。他对内在关系惘然无知或不加理会，完全按照自己见到的情况行事，这就给军事机构的各件材料披上整齐有序的外衣，却没有扎根在真正的基础上，结果破坏了执行各项功能的一致性、力度、稳定性。

所以，军事教育纯属徒劳，效果几乎为零，甚至适得其反。除非极为审慎，以敏锐的洞察力就物质特性方面灌输相关规定，不让人为的安排破坏或束缚任何与生俱来的力量和天赋，否则，野蛮人本能的睿智就能战胜精明战术家的技能。军事史证明，虽然半野蛮国家的军事部署和纪律的外在形式较为拙劣，武器和军事装备更是逊色，但经常能击败精通战争艺术的统帅指挥的符合科学、军容整齐的军队。

人类历史上，这种例子不胜枚举，甚至在当代也是这样，瑞士几个贫困州和提洛尔部分地区从未受过教育的农民，给法国军队造成的麻烦，远甚于几位伟大君主麾下的正规军，而这些正规军的运动，精确得犹如机器。大英帝国也感同身受，布宜诺斯艾利斯和新奥尔良地区的民众给英国军事声誉造成的破坏，远远超过战争后期英军在战场上遭遇的正规军。

> "战术家的主要目标应该是按照'力量'和'硬度'安排队伍里的各个'部件'，而不是根据大小和外在相似性。"

引发军事进取心的精神力量，是社会早期的一种品质。除非通过科学研究，审慎地应用诸如在人体组织发挥作用的那些因素，让军事机器保持活跃而又领先的状态，否则，随着国家的发展和繁荣，这种品质会成比例地消失，至少在渐进过程中不再获得支持。

愚钝的士兵对火器操练或欧洲步兵常见的训练不感兴趣，完全不明白这种操练的目的和相关效用。他们像机器人那样开赴战场，在机械力驱动下做出各种动作或承受对方的动作，不懂得自己做这些动作的原理是什么，也不知道目的何在。

常规形式的职责无法激起聪明士兵的兴趣，而聪明士兵的兴趣对赢得胜利非常重要，所以，以全新的方式展开军事演习和军事变革，并不改变建立在真理基础上的原则，从而给他们留下新的印象，这种做法很有用，或者说，应该是有用的。军事演习的新模式，以其新奇性激起士兵的兴趣，他们甚至经常以手里的武器发挥出生机勃勃的力量，远远超出常规预测：他们发起突袭，把敌人打得猝不及防，这些行动很少失败。如果真是这样，就属于军事天才的范畴了，所谓军事天才，就是着眼于鼓舞一方的斗志，打垮另一方，从而改变事物的表象。但这样做的同时，要特别注意，不能贸然违背军事战术的基本原则。

榴霰弹是扩大炮弹杀伤力范围的手段，也是一项科学发明，对改变军事行动的特点至关重要。康格里夫火箭可能会让没见识过这种武器的人深感震惊，但这是小孩子的野外玩具，算不上战争工具，围攻战期间也许能派上些用场。轻骑兵近期装备的波兰长矛，某些情况下作为进攻武器颇具优势，但主要因它的新奇性取得出敌意料的效果。

准确评估兵器威力的话，苏格兰高地人的阔剑和圆盾可能不如火器和刺刀，尽管如此，阔剑和圆盾还是令人生畏的，曾让 1745 年的英格兰士兵大吃苦头。英格兰士兵当时配备火器和刺刀，个个训练有素，对战争并不陌生。而高地人粗鄙无知，对军事战术一窍不通，要是让他们端着马枪上战场的话，这些人肯定不会使用这种武器。他们更信赖阔剑，这种传统武器对他们来说就是护身符，不仅为他们带来信心，甚至让他们产生万夫莫敌感。他们就凭借这种武器和铠甲挫败了大不列颠经验丰富的战士，据说是以某种未知的进攻方式发起突袭。

在欧洲大陆奋战的高地人也参加了 1756 年的美洲战争，法国人对他们的印象，似乎与当年英国人在普雷斯顿潘斯和福尔柯克的印象如出一辙。甚至到美国独立战争时，高地人的奇装异服还是让当地民兵觉得，他们比其他英国兵更吓人。

历史往事充分证明，未开化的半野蛮民族，尽管装备拙劣，几乎没有所谓的军纪，却经常挫败才能出众的战术家和杰出将领麾下系统组织的军队。

Highland Claymores

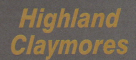

△ 高地人的阔剑（复刻版）

75

大革命时期

1785 年到 1824 年发生了多么大的变化啊!
两千年有记录可查的历史中,
风俗、观念、信仰方面如此激烈的革命前所未见!

——司汤达

纳尔逊
1758—1805

《特拉法尔加备忘录》《日记》

还是海军少将的纳尔逊

1799年，在战斗中受伤，失去右臂；5年前，同样的原因让他右眼失明，不过画中没有表现出来。莱缪尔·弗朗西斯·阿博特（Lemuel Francis Abbott，1760—1802）绘于1799年。

Nelson

霍雷肖·纳尔逊1758年出生于诺福克，是牧师的儿子。12岁那年，孱弱的纳尔逊作为海军学校学员加入英国海军，就此开始了他的职业生涯，尽管其间遭受过挫折，也有过沮丧的时刻，但他始终英勇卓绝。在法国大革命和拿破仑战争期间，他凭借鼓舞人心的领导力、对战略的把握和非传统的战术使英国海军取得了一系列决定性的胜利。1805年，他在特拉法尔加海战中赢得平生最伟大，也是最后一场胜利，获胜后殉职。其一生有着令人难忘的传奇故事。2002年英国评选100位最伟大的英国人，纳尔逊排第9位。

22

《特拉法尔加备忘录》
The Trafalgar Memorandum

"英格兰希望
所有人恪尽职守。"

摘录

★ ★ ★

（1805 年 10 月 9 日写于加的斯港外的"胜利"号）

考虑到多变的风向、有雾的天气或其他可能的情况下，让一支编有 40 艘战列舰的舰队组成战列线，几乎必然会损失时间，这种方式有可能错失迫使敌人投入交战并取得决定性战果的时机。

因此，我想把航行阵型当作战斗阵型，让舰队维持原本的航行位置（除了总司令和副司令的旗舰）。舰队分成两支各有 16 艘战舰的舰列，还有一支编有 8 艘最快的双甲板战舰的前锋舰队。后者可以按照总司令的指挥，随时让一支舰列拥有 24 艘战舰。

了解我的意图后，副司令就全权指挥他的舰列向敌人发起攻击，继续战斗直至对方投降或毁灭。

英国舰队的总体目标，是制服从敌方总司令（假设位于中军）之前第二或第三艘战舰到舰队末端之间的敌舰。我假设敌军战列还有 20 艘战舰没遭到攻击，他们在执行机动、驶近攻击英国舰队任何部分或支援友舰之前肯定会耗费些时间，因为他们定会卷入交战中的战舰之间。有些东西必须留给运气来决定，没有什么比海战的情况更不确切。炮弹会打坏友舰或敌舰的桅杆和横杆，但我有信心在敌军前卫支援后卫前赢得胜

利，然后，大多数英国战舰就能准备好迎击敌方的 20 艘战舰。如果对方企图逃跑，英军就展开追击。

如果敌军前卫朝上风转向，已俘获的敌舰就会逃到英国舰队下风处。如果敌军转向下风，英军必须挡在敌舰与俘虏舰和受损舰之间。如果敌军驶近，我毫不担心最终的结果。

副司令应当在条件允许的情况下，尽可能指挥他的舰列紧贴敌人。各舰舰长应当把指定的敌军战列视为他们的集中点。但无法看到信号或无法正确理解信号的情况下，如果把他自己的战舰靠在一艘敌舰旁，舰长就绝不会犯下大错……

如果敌舰一齐倒转航向或大张风帆驶向下风，最初位于敌军后卫末端的 12 艘战舰仍然是下风纵队的攻击目标，除非总司令另有指示，但这几乎不用指望。因为总司令表达了他的意图后，就准备让这支舰队的指挥官全权负责相关决策。

敌舰队剩下的 35 艘战舰留给总司令对付，他会努力尽量不干扰副司令的行动。

[以陈骆的译本（《特拉法尔加战役》，社会科学文献出版社，2016 年）为基础，作了修改]

The Death of Nelson

▽ **纳尔逊之死**

丹尼尔·麦克利斯（Daniel Maclise，1806—1870）绘于1859年。

《日记》
The Diary

折断了桅杆的"圣特立尼达"号

这艘西班牙的四层甲板战舰,身躯庞大,舵在特拉法尔加海战当天的轻风中反应迟钝,因此在战斗中没能发挥出应有的作用。桅杆折断后,该舰向英舰"海王星"号投降,最终被英军在加的斯西北方炸毁。

摘录
★ ★ ★

（1805 年 10 月 21 日）

　　拂晓时，发现敌人的联合舰队位于东面到东南偏东面；驶向下风；打出信号组建航行队形，准备战斗；敌军向南而行；7 时，敌军依次倒转航向。

　　愿我尊崇的伟大上帝为了欧洲的总体利益，赐予我国一场伟大而光荣的胜利；愿我们所有人不会因为玩忽职守而玷污这场胜利；愿胜利后仁慈成为英国舰队的显著特点。至于我个人，我愿把生命献给造物主，愿主的恩赐照耀我精忠报国的努力。我愿把自己和自己受托捍卫的正义事业交付给主。阿门，阿门，阿门。

拿破仑
1769—1821

《格言集》《回忆录》

Napoleon

拿破仑·波拿巴 1769 年出生于科西嘉，1785 年加入法国陆军。他跟随革命军占领了土伦，还镇压了保皇党人在巴黎发动的叛乱，督政府任命他为内防军司令。拿破仑远征意大利获胜后，又在里沃利击败奥地利人，1799 年攫得政权。之后一段时期，他在国内展开持久的改革。《亚眠和约》签订前，拿破仑 1800 年赢得马伦戈会战，把法国的版图扩大到莱茵河畔和阿尔卑斯山麓。战端重开后，拿破仑入侵英国的企图受挫，但也在乌尔姆、奥斯特利茨、耶拿、弗里德兰、瓦格拉姆多次赢得辉煌的胜利。拿破仑 1804 年自立为法国皇帝，册封部下统治各国，控制了欧洲大部分地区。1812 年，拿破仑远征俄国以惨败告终，英国在西班牙赢得半岛战争，联军 1813 年在莱比锡大获全胜，这一切导致拿破仑 1814 年下台。次年他从厄尔巴岛返回，最终在滑铁卢会战中惨败，被流放到圣赫勒拿岛，1821 年在岛上去世。

△ 拿破仑

场景是杜伊勒里宫书房。大卫绘于1812年。把手放在马甲内的姿势在欧洲的肖像画中很常见，用以表现画中人的沉着冷静。

《格言集》

Maxims

摘录
★★★

君主或部长远离战场，对真实的战况一知半解或毫不知情，这种情况下，军队主将绝不能恳请他们下达命令，以此推卸自己犯错的责任。因此，身为主将却同意执行他明知是错误的作战方案，是难辞其咎的。他应该阐述自己的理由，力主更改方案，最后辞去职务，而不能成为毁灭自己军队的工具。

上级下达命令后，身为主将者，明知执行这种命令会招致失败，还率领军队投入交战的话，同样负有罪责。

后一种情况，他应当拒不服从，因为只有上级亲临战场后下达的命令才需要绝对服从。上级莅临战场，了解战事状况，听取反对意见，并对负责执行命令的军官做出必要的解释。

但是，假设一位主将接到君主的命令是把交战的胜利拱手让给敌人，会导致己方军队失败，那么，他必须服从命令吗？不能！要是他发现这道奇怪的命令毫无益处，就应该拒绝执行。

身为总司令，行事必须以自己的经验或天赋为指导。工兵和炮兵军官也许能从书本中学到战术、队形变换、技术，但将才只能通过经验来养成，或者通过研究历代名将所打的会战来养成。古斯塔夫二世、蒂雷纳、腓特烈，以及亚历山大、汉尼拔、恺撒，都依据相同的原则行事。保持军队团结一致，各处都不给敌人可乘之机，在各要点迅速击败敌人，这些都是确保胜利的原则。

△ **蒂雷纳子爵**

亨利·德·拉图尔·奥弗涅（Henri de La Tour d'Auvergne，1611—1675），法国元帅，与孔代亲王、蒙特库科利并列为17世纪中期的三大军事天才。拿破仑视之为17世纪最优秀的将领，评价他"胆略随年龄和经历增长"。这幅肖像据说为皮埃尔·米尼亚尔（Pierre Mignard，1612—1695）所绘。

/ 25

《回忆录》

Memoirs

△ **英译本《回忆录》**

伦敦金公鸡出版社1945年出版（双色封面为限量版）。

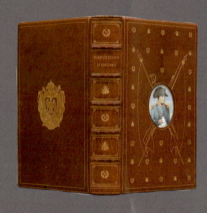

▽ **1813年的20法郎金币**

一面是戴着桂冠的拿破仑头像，一面是"法兰西帝国"字样。

> "会有人崛起的，可能是目前仍在人群中籍籍无名的人物……他会把握舆论、机会、命运，他会把实践者向雅典人发表演说时，对空谈者说过的话告诉那些理论的巨人；'我的对手对你们说的一切，我会逐一实现。'"
>
> ——德吉贝尔

摘录

★ ★ ★

陆战的伤亡远远大于海战，也比海战危险得多。舰队的水兵，会战中只战斗一次，而陆军士兵每天都要厮杀。水兵无论多么疲惫，多么危险，遭受的苦难肯定比不上陆军士兵。他们不用忍受饥渴，总是有住处、厨房、医院、药品仓。英法两国的海军都以严格的军纪保持整洁，相关经验教会他们以各种合理的措施确保健康，不像陆军那么容易染病。除了战斗的危险，水兵还会遭遇风暴，但很大程度上可以凭借技能抵御，完全不能与陆地上发生的事情相提并论，例如民众叛乱、刺杀、敌军轻装部队的突袭等等。

担任海军总司令的将领，与担任陆军总司令的将领，需要的素质截然不同。指挥陆军需要的素质是与生俱来的，而指挥海军需要的素质只能通过经验获得。

亚历山大和孔代年纪轻轻就成为统帅，陆战艺术是一门天赋和灵感的艺术，但亚历山大和孔代 22 岁的时候都无法指挥海军。指挥海军与天赋或灵感无关，全凭积极主动和丰富的经验。海军将领只需要一门技艺，就是航海术。而陆军指挥官需要通过经验和各种知识掌握诸多技能，或者具备相当于此的天赋。

海军将领用不着猜测，他知道敌人在哪里，也清楚对方的实力。而陆军将领永远无法确定任何事情，不可能彻底弄清敌人的情况，也不知道对方的确切所在。两军对峙时，战场上最不起眼的地方，例如一片小小的树林，都有可能隐藏着一股敌军。最具经验的慧眼也不敢断定，自己是见到了全部敌军，还是只发现四分之三的敌人。陆军将领的观察、指挥、判断，凭借的是内心的智慧、各种推断的综合，以及某种灵感。而海军将领需要的只是一双经验丰富的眼睛，与敌军实力相关的一切都瞒不过他。

陆军指挥官这个职业面临的最大难题是必须为众多部下和驮畜提供给养，要是他全听军需官的，永远无法展开行动，他的远征就会失败。海军指挥官不受这个问题限制，因为军舰上携带了一切。海军指挥官不需要侦察，用不着勘探地形，也不必研究战场，印度洋、大西洋或英吉利海峡都是一片液体平原。最高明的海军指挥官，了解某些海域盛行的风力风向，能预见到盛行风的出现，熟悉各种大气现象，除此之外，并不比经验寥寥无几的指挥官占有多大优势。可以说，这些素质完全是凭借经验获得的。

陆军指挥官永远不知道自己要在哪片战场交战。他的目光就是灵感之一，他没有能提供帮助的资料。即便获得资料，掌握了当地的情况，可这些情况因地而异，以往的经验几乎派不上用场，所以就需要一种天赋——根据地形性质，立即把握各种不同地形间的关系。简言之，这种天赋可称为"军事慧眼"，是名将与生俱来的能力。不过，仔细研究地形图，或借助源于军事教育和惯于阅读此类地图的能力，也能提供某些帮助。

◁ **拿破仑的遗嘱**

保存在法国国家档案馆。

▽ **弗里德兰战场上的法国骑兵**

画面左侧是骠骑兵，右侧是胸甲骑兵。埃内斯特·梅索尼耶绘于1875年。

摘录
★ ★ ★

海军总司令对各舰舰长的依赖程度,远甚于陆军总司令对麾下将领的依赖。陆军总司令有权直接指挥部队,他可以赶赴战场任何一处,纠正麾下将领的错误举动。而海军指挥官的个人影响力仅限于他这艘军舰上的舰员,烟雾会导致其他舰只看不到他打出的信号。风向会发生变化,舰队里各舰所处水域的风向风势也不尽相同,所以下级指挥官最需要掌握的就是各自为战的艺术。

我们的海军遭遇挫败,归结于三个原因:首先是总司令优柔寡断,缺乏干劲;其次是战术上的多个错误;第三点是各舰舰长缺乏作战经验和航海知识,他们认为只要遵照信号行事就行了。乌尚特海战、海上革命期间以及1793年、1794年的地中海海战,都是因为这些失败的。维拉雷海军上将英勇无畏,但缺乏坚定的意志,甚至没有执着于他为之奋斗的事业。马丁是个优秀的水兵,可他缺乏决心。另外,他们都受到民选代表影响,这些毫无作战经验的代表批准了错误的行动方案。

自己不采取任何行动,完全遵照海军司令的信号行事,这种原则更是大错特错,因为各舰舰长总能找到理由,为自己没执行发给他的信号辩解。从事战争需要的各种科学中,理论有助于构成总体思想,总体思想决定思维方式,但呆板地遵照理论行事非常危险,因为理论仅仅是描绘轮廓的轴线而已。另外,各种规则也迫使相关人员认真思索,以弄清是否应当背离这些规则行事。

虽然法国海军的实力往往优于英国海军,可我们从不知道如何攻击对方,我们把时间浪费在毫无作用的机动上,任由他们的舰队逃脱。海上战术的第一要则应当是,一旦总司令发出他要进攻的信号,各舰舰长就应该采取必要的运动,打击参战的敌舰之一,同时为邻近的己方舰只提供支援。

这正是英国海军近来使用的战术原则。如果法国海军当初采用这种原则的话,维尔纳夫海军少将就不会认为自己毫无过错了,因为5~6艘法国战舰,也就是说,相当于半个舰队的力量,一连二十四小时无所作为,而敌人却以压倒性力量打击法国舰队另一翼。

法国海军接到的指示是,设法取得对英国海军的优势。法国人比对手更精通造船术,就连英国人也承认,法国舰只优于他们的军舰,舰炮口径也比英军舰炮大四分之一。这是法国海军的两大优势。

但英国人在纪律方面更胜一筹。土伦和斯海尔德河两支舰队采用了与英国海军相同的做法和惯例,设法严肃军纪,但不同之处在于两个民族的个性。英国的纪律完全是奴隶制,是一种主奴关系,全凭最可怕的恐怖影响来维持军纪。而法国人认为这种做法是对人格的侮辱和贬低,他们需要父爱般的管教,纪律更多地建立在荣誉和情感的基础上。

/ 26

《公函集》
Despatches

△ 滑铁卢战役期间威灵顿的住所

1815年4月5日，威灵顿从维也纳抵达布鲁塞尔，在此安顿下来。

◁ 滑铁卢战役当天威灵顿的指挥部

1815年6月17日，威灵顿从布鲁塞尔抵达博登吉安旅馆，并将此处作为指挥部。1945年这家旅馆被改建为威灵顿博物馆。

战报

　　滑铁卢战役几乎占去了18日整个星期天的时间，大约晚上8点，法军被击溃。晚上9点30分，威灵顿与冯·布吕歇尔将军会面，然后回到位于滑铁卢的总部。他的副官亚历山大·戈登上校也在那里，奄奄一息。白天，戈登在拉艾圣附近集结部队时受了重伤。19日凌晨3点，戈登上校去世。威灵顿很难过，但还是强行让自己镇静下来，开始撰写作战报告。清晨5点，他去往布鲁塞尔的住所，继续写战报，直到中午。而后，他命副官亨利·珀西少校快马加鞭送往英国。

威灵顿公爵

1769—1852

作者
生平

Duke of Wellington

威灵顿公爵

弗朗西斯科·戈雅（Francisco de Goya，1746—1828）绘于1812年。

阿瑟·韦尔斯利1769年出生于都柏林，自伊顿公学毕业后，进入法国军事学院就读。他后来加入某高地团，由于家境富裕，他又是爱尔兰议会议员，因而迅速获得晋升。他在印度担任指挥官期间，赢得马拉塔战争，回国后出任爱尔兰事务大臣这项政治职务。韦尔斯利远征哥本哈根期间击败丹麦军队，半岛战争爆发后，他又奉命赶赴葡萄牙。韦尔斯利以防御策略抗击兵力占据优势的法军，尔后在罗德里戈城、巴达霍斯、萨拉曼卡、维多利亚赢得一连串胜利。韦尔斯利最终进入法国，在图卢兹击败法军，随后参与了和谈。拿破仑复辟后，韦尔斯利再度领军，1815年在滑铁卢击败法国军队。他由此得到称号："欧洲的解放者""世界征服者的征服者"。韦尔斯利以威灵顿公爵的身份重返政坛，1828年出任英国首相，通过了《天主教解放法案》。1830年，威灵顿公爵在骚乱中辞去职务，新政府获得他姗姗来迟的支持后，通过了《大改革法案》。之后，他继续担任公职多年，一直是英军总司令，直到1852年去世。

威灵顿被认为是有史以来最伟大的防守型指挥官之一，他多次战胜数量占优势的敌军，同时将己方的损失降到最低。

"的确，我仔细考虑这支军队里某些将领的个性和造诣时，一想到我得依靠这些人率领各支部队对付法军将领，依靠他们执行我的指令，不禁两股战战；就像切斯特菲尔德勋爵谈论他那个时代的将领时说的那样：'我只希望敌人读到他们的名单，和我一样不寒而栗。'"

摘录

★★★

1811 年于葡萄牙致函 B. 西德纳姆先生

（1811 年 12 月 7 日写于弗雷内达）

我对信中谈及的问题，并没有太多的认识；但我写此信的目的，是希望我的想法和建议能起到些作用。

至于其他方面，我希望打击不要来得太快；希望欧洲各国君主和所有决心抵抗波拿巴的人，都以不屈不挠的精神加入我们的方案，直到他们废除把战争当作资金来源的制度；我还希望他们不要照旧有的方案行事，为挽救一部分而牺牲另一部分，所有人应当坚持到底，宁为玉碎不为瓦全。我们必须坚信，事情发展期间，如果我们停止抵抗，就连原本想挽救的那一部分也会被夺走。我已就这个问题给不伦瑞克公爵上了一课，只要他与欧洲大陆仍有联系，就不会毫无用处。

但我写信给你的要点，是假设欧洲有个风吹草动的话，这支军队作何处理的问题。我认为你错误地估计了法国在兵员方面的手段和资源，对法国政府的目的判断有误，你认为这种情况下，波拿巴会被迫或打算从西班牙撤回他的军队。实际上，他甚至不会大幅度削减这股力量，只是不再加强他们而已。要是我没猜错的话，英国军队用于半岛最为有利，我对此坚信不疑。如果英国军队不用于半岛，世界上的这一部分很快就会被征服；这支征服了半岛的法国军队，在半岛征募兵的加强下，将去征服世界其他地区。

但你对问题的看法并不完全是这样。你似乎认为波拿巴可能会被迫或打算撤出半岛，你问这种情况下我会怎么做。我的回答是，进攻法国最容易遭受攻击的边境，也就是比利牛斯山。这样就能迫使法国人在那里驻扎 20 万防御力量，然后就在那里狠狠地打击他们，既然我们在其他地方不可能打击到对方，再把半岛上的几个国家变成全民皆兵，今后若干世纪，这些国家会是大英帝国的盟友。

我承认，这项任务不容易。但各种困难并非无法克服，我认为，凭借我们的海上力量，在比利牛斯山派驻一支军队是能做到的。

但对于这个问题，还有另一种看法，也就是说，要是我们不把这支军队用于半岛，又该把他们派何用场呢？政府首先要搞清楚，即便内阁通过决议，变更这支军队的目的地，也无法在六个月内让他们齐装满员地投入欧洲北部任何地方或亚得里亚海地区。谁能料到这六个月内会发生什么情况呢？又有谁能凭自己的预见行事呢？

不过，还有另一个问题需要注意。我手里有 5 万兵力，但能用于作战的人数从来没超过 3.5 万。我估计，政府对这 4 万名将士寄予厚望。他们无法在德国或欧洲北部独自作战，必须与其他军队配合行动，但没有哪个欧洲国家愿意把军队指挥权交给英国政府。英国政府会把自己的军队交给普鲁士、俄国、奥地利或欧洲北部的叛军指挥吗？然后是补给问题。英国军队必须获得充足的补给，在欧洲北部也许能做到。可随之而来的问题是，配属给英军的外国军队同样需要补给，英国政府准备支付这两份开支吗？要是做不到的话，英国军队就会和外国军队一同挨饿，届时，英国公众对此会怎么看？

Battle of Chiclana

◁ **奇克拉纳战役**

又名巴罗萨战役，半岛战争期间的一次战役，1811年3月5日发生在西班牙南部的加的斯附近。路易-弗朗索瓦·勒热纳（Louis-Francois Lejeune，1775—1848）绘于1812年。收藏于凡尔赛宫。

117

摘录

★ ★ ★

我相信政府和陆军总部很想改变我们的作战地点，因为目前似乎没有在此处投入的必要性。舆论可不这么看。但我们那些部长大人必须清楚，他们无法在其他地方建立眼下这种作战态势；他们在其他任何地方都不可能以这么少的英国军队牵制波拿巴那么多军力；他们在其他地方也不可能当家做主，以这么低廉的人力物力，按照自己的意愿加入战争；无论其他地方可能会发生什么情况，哪怕是为实现那些貌似唾手可得的目标而把军队调到欧洲北部，我们都必须明白，任何一处战场都不具备眼下这种成功的前景。

1813 年于法国致函巴瑟斯特伯爵

（1813 年 11 月 21 日写于圣让德吕兹）

随函附上此间当局和社会贤达呈交给我的请愿书原件（敬请阁下切勿公之于世），从请愿书里可以看出此间对战争的强烈情绪；圣佩的情况也是如此，我在法国其他地方也听到同样的观点。

我本人没听到有谁支持波旁王朝。关于这个问题，法国人对我说，波旁皇族的皇子离开法国已有 20 年，法国对他们的生疏程度，就算不能说超过欧洲其他王室的王子，估计也差不多；可如果盟国希望或打算让欧洲永久和平的话，就应该支持废除拿破仑，为法国设立个新君主，至于新君主出自波旁皇族还是其他王室，这一点无关紧要。

我已采取措施，广听法国国内的舆论，希望借此了解情况和民心向背，我会把自己掌握的情况随时告知阁下。同时，我比以往任何时候更加确信，拿破仑的政权建立在腐败的基础上，除了军队里一些主要军官、政府公务员，可能还有些新出现的业主，他没有其他追随者，我认为，就连那些新业主的忠诚度也很值得怀疑。

尽管情况的确如此，可我还是建议阁下，如果你能实现你有权期望的所有目标，就和他缔结和约吧。欧洲各国可能比法国更需要和平，某人根据他在法国一角的所见所闻做出臆测，把新的战争体系建立在这种基础上是行不通的。如果波拿巴变得温和，他可

▽ "滑铁卢200年"
纪念奖章

直径45毫米，重34.75克，材质为铜镀铂，共发行50000枚，伍斯特郡奖章服务有限公司2015年制作。狮子身后是战场上的狮丘。

能会像我们期望的那样，成为法国优秀的君主；可如果他不转变，用不了几年，我们还会面临新的战争；要是我的预测不无根据的话，那么，我们就能让整个法国反对他；假以时日，法国人对他那个政府的不满就会发挥作用；他手头的资源不断减少，也就严重削弱了他的贿赂手段，届时，他很可能要单枪匹马地对抗起义的法国和整个欧洲。

不过，关于这个问题还有另一种观点，也就是把眼前这场战争继续打下去，这就涉及当前情况下该采用何种方针。现在我完全无法采取行动，虽然军队目前的健康、士气、战斗力好得无以复加，从兵力上说，他们很可能是欧洲目前最强大的战争机器，但降雨彻底破坏了各条道路，我没法开进；另外，不管怎么说，我希望挥师前进前，最好能知道盟国对冬季作战有何建议，待国王陛下的政府通过驻外使节获悉各国的意图，敬请阁下立即见教于我。无论是今年冬季还是来年春天，待我率领军队前进后，就能更加充分地了解、掌握法国人民的意愿，政府可以授权我决定是否扶持波旁皇族，也可以待我把法国人民的意愿转告波旁皇族后，由他们自行决定这个问题。

我只能告诉你，如果我是波旁皇族的皇子，那么，没有什么能阻止我挺身而出，不是出现在伦敦的豪宅里，而是冲上法国境内的战场；要是大英帝国愿意鼎力相助，我相信他肯定能成功。用不了一两个月，拿破仑就会实施他必然采取的高压措施，企图扭转乾坤，届时，这种成功就会更加确定。

但我必须告诉阁下，我们的成功和所有一切，取决于我们的温和正义，也取决于我方士兵良好的行为和军纪。到目前为止，他们在这方面表现得很好，军官中出现了新的气象，我希望能保持下去，让我们的部队秩序井然。但我对西班牙人失望透顶。他们的处境太惨了，待他们作为征服者进入一个美丽的国家，很难指望他们会保持克制，不展开疯狂的掠夺；这也不公平，特别是考虑到他们自己的国家在入侵者蹂躏下遭受的种种苦难。所以，我真不敢率领他们进入法国，除非我能为他们提供粮饷。随函件附上的公文向阁下阐明了我们的财务状况和前景。要是我能支付粮饷，率领 2 万名优秀的西班牙战士前进，就能开抵巴约讷；要是我率领 4 万名西班牙将士前进，真不知道能冲杀到何处。目前我统率 2 万西班牙人和 4 万英军将士，集结在边境地带，但我缺乏粮饷，不敢率领他们前进。得不到粮饷，他们必然四处劫掠，真这么干的话，会毁了我们所有人。

我想我可以为 2 万西班牙人的开销发放津贴，只要我们弄到钱，相关安排不难做到。问题是，除了英国国内，我们还能从哪里弄到钱呢？我对此一筹莫展。里斯本的爱国士绅已无力购买军粮债券，也给不了我们现金，或给得很少，因为他们先前已购买了国库券，再加上黄热病断绝了加的斯与直布罗陀间的交通；就算我们在这三处有数百万英镑也拿不到一个先令，因为没有船只运来。

27

《滑铁卢战役后的信件》
Letter after Waterloo

摘录
★ ★ ★

（1815 年 6 月 25 日写于康布雷）

24 日上午，我们朝康布雷前进，距离该镇 1 里格[1]左右，我们遇到些骑哨。越过他们后，康布雷镇很快出现在我们的视野里，城堡上飘扬着三色旗……

我们继续逼近敌人的防御工事，跳入护城沟，架起云梯，很快就占领了城墙顶端。对方的抵抗相当虚弱，敌正规军士兵逃进城堡，一个个店主躲入店铺。我们很快控制住城门，让旅里的余部进城，列队后朝广场开进。一如既往，民众欢呼着迎接我们，许多人忘了洗掉嘴唇上的火药，这是他们从城墙上朝我们开火，咬开药包时留下的。与此同时，师里的其他部队从对面开入城内。

我们在城堡派驻了岗哨，黄昏前后，师主力开出镇外宿营。我们从镇里弄了些钱，更准确地说，是我们让镇内居民上交的，免除了我们从他们那里搜罗的麻烦，这样，我们就能给自己添置些能让日子过得舒适些的东西……

25 日，我们没有继续前进，大腹便便的法国国王路易十八陛下莅临效忠于他的康布雷镇……毫无疑问，各种报纸肯定会告诉你，路易十八如何进入忠于他的康布雷镇，忠诚的臣民如何欢迎他们敬爱的国王，这位杰出的君王如何为他热爱的子民遭受的苦难潸然泪下，城堡是如何在欢呼声中向这位杰出的国王归降的，以及国王陛下作为最虔诚的基督徒，是如何在不带一兵一卒的情况下做到这一切的。但报纸绝不会告诉你，第 4 师和一个汉诺威轻骑兵旅就驻扎在这座忠诚的城镇半英里外，要是忠诚的公民胆敢冒犯他们的国王，我们很可能会以刺刀就地干掉每一个法国佬。他们对此心知肚明，这就是他们突然把效忠对象从偶像拿破仑（更准确的称谓是拿破仑大帝）改为年迈而又大腹便便的懦夫的原因，他简直就是法国的约翰·福斯塔夫爵士。

[1] 1 里格在陆地上约合 3 英里、4.8 公里。

Wheeler

除了惠勒自己讲述的拿破仑战争期间，他在王属约克郡轻步兵团的服役经历，我们对这位列兵的其他情况知之甚少。他从军队退役后，领了笔小小的退休金，在英格兰北部安享余年。

"一如既往，民众欢呼着迎接我们，许多人忘了洗掉嘴唇上的火药，这是他们从城墙上朝我们开火，咬开药包时留下的。"

◁ 路易十八在杜伊勒里宫书房

弗朗索瓦·热拉尔（Francois Gerard，1770—1837）绘于1823年，收藏于迈松拉菲特城堡。

Falstaff

约翰·福斯塔夫爵士

莎士比亚笔下的一个喜剧人物，出现在《亨利四世》《亨利五世》《温莎的风流娘儿们》这三部作品里。他是一个肥胖、虚荣、夸夸其谈的骑士，大部分时间都在野猪头酒馆与小混混喝酒，靠偷来的、借来的钱生活。

◁ 福斯塔夫与他的侍从

阿道夫·施勒特尔（Adolf Schrodter，1805—1875）绘于1867年。

28

《回忆录》

Memoirs

"命运女神屡屡对他绽露笑靥，这让他从不相信她有可能翻脸无情。"

**内容
提要**
★ ★ ★

这部回忆录是作者根据他与拿破仑密切的政治和军事关系写就的，记录了他和拿破仑在征俄战役前的讨论、战役期间的事件、对莫斯科的占领、摧毁城市的大火和摧毁大军的撤退，复述了拿破仑对征俄和世界局势的分析。1933 年，他的回忆录分三卷在巴黎出版。"二战"期间，许多东线战场的德军军官阅读过这本书，德军中央集团军群指挥官冯·克卢格将军也经常提到这部作品。

德科兰古
1773—1827

De Caulaincourt

袭封维琴察公爵的阿尔芒·德科兰古，出生于1773年，1795年加入法国陆军。霍恩林登战役期间，他是骑兵团上校，1802年奉命出使俄国。回国后，他积极参与反颠覆活动，随后重返俄国，1807—1811年担任法国驻俄国大使。拿破仑撤离莫斯科期间，德科兰古作为御厩大臣陪同在其身旁，就像他在以往历次会战中做的那样。莱比锡会战后，德科兰古出任外交大臣，努力通过谈判达成和平，相关和约把拿破仑流放到厄尔巴岛。但拿破仑复辟后，德科兰古重新回到这位皇帝身边，百日政权期间担任外交大臣。之后，他一直过着退休的生活，1827年去世。

德科兰古肖像

费雷奥尔·博纳迈松（Fereol Bonnemaison，1766—1826）绘于1806年。

摘录

★ ★ ★

按照皇帝的看法，英国军队的出现是在西班牙实现和平的最大障碍。但他宁愿让他们进入那个国家而不愿意他们时时刻刻威胁布列塔尼、意大利或别的什么地方。实际上，那些沿海地区都是很容易遭受入侵的。像现在这样，皇帝知道怎样对付英国人。可要是不把他们拖在西班牙，皇帝就要被迫处处设防，随时准备对付他们。那样一来，他就要使用更多部队，会更加焦虑，因为英国人有可能给他造成比现在大得多的危害。

他对我说："要是有三万英军在比利时登陆，或者登陆加来，在三百个村庄征集补给，如果他们打算进占和烧毁科兰古庄园，他们给我造成的损失就远远大于迫使我们在西班牙保留一支军队。但那时您一定会叫得更凶了，我的好总管！您一定会比埋怨我想建立一个全球帝国更加起劲地喊叫起来。现在英国人正在听我的调动。就算英国内阁拿了我的钱，也不会比现在做得更好了。您一定要记住，不要对别人说起我向您谈的这些想法。因为要是他们掌握了这个情报，调遣军队进攻我的海岸线，一会儿在这里，一会儿在那里——我们刚刚集中部队去打击他们，他们就逃上船去威胁别的地方——那形势就不堪设想了。"

他接着说道："其实，西班牙战役让我付出的代价并不比其他战役多，也不会比其他地方为对付英国人而被迫采取防御措施花的钱多。只要还没有与英国政府媾和，那么从西班牙当前的情况和对英战争的总体情况来看，我们在那儿实际上是为两场战争付出了代价。鉴于西班牙漫长的海岸线，以及当前那里的形势，我们必须仅仅把英国人置于严密监视下，除非他们向内地进军，或者出现了对我们极其有利的作战机会。否则，我军不宜轻易发动进攻。因为，要是我们迫使他们在某处登船逃离，他们一定会在别的地方再登陆。他们总是确信能找到同情者的。

"留在西班牙照看他们自己的那些元帅和将军，本来可以干得更好些，可他们总是不能齐心。军事行动中，他们从来没有相互配合过。他们互相嫌恶到了这样的程度，要是某人的作战行动会给别人带来荣誉，他就会非常失望。因此，除了控制那个国家并设法稳定那里的民众外，他们什么事也做不成。直到某天我亲自给那里的事务注入些活力，事情才会有起色。苏尔特是有能力的，可没人执行他的命令。每个将军都想单干，以便在他们自己的那个省当上总督。"

"至于威灵顿，"皇帝接着说道，"他是我那些将军遇到的，比他们中的一些人更厉害的对手。更重要的是他们犯了幼稚的错误。马尔蒙讨论战争时，表明他确实具有判断力和严密的逻辑思维。可实战中，他甚至缺乏普通的指挥能力。我军在那场战争中暂时失利，让伦敦欣喜若狂。实际上，雅典的挫折对大局几乎没有多大影响，而且也没有任何重要性。只要我想，什么时候都能改变那里的态势。"

"当前的事件，"他说道，"让威灵顿博得名声；但战争中，人们一天内就可能丢掉他们几年才建立起来的功业。至于说战争把西班牙的殖民地变成了英国的商业市场，我承认很不幸，因为再过两年，那些市场有可能抵消对欧洲大陆的出口。"

皇帝从这些殖民地的母国看到了那些分散的殖民地的重要发展，这种发展会改变世界政治，还会增加美国的力量，不用十年工夫就会威胁到英国的权力。对我们来说，这无疑是一种补偿。皇帝毫不怀疑西班牙控制的所有主要殖民地和墨西哥是能够独立的。这些殖民地在某种形式的政府机构管理下还会组成一两个国家。这些政府机构会迫使它们的国家按照它们的利益成为美利坚合众国的同盟军。

"那样就会开启一个新纪元。"皇帝说道,"这个新纪元会引导所有其他殖民地走上独立的道路。"

由这一形势发展引起的变化,在皇帝眼中是本世纪最重要的事件,因为它会改变商业利益分配的不平衡,随后必然导致各国政策的改变。

皇帝说道:"所有殖民地都会效法美利坚合众国。人们对等待五千英里外的地方发出的命令已经感到厌烦了。他们讨厌服从在他们看来是外国的政府。殖民地的利益全给外国政府得去了,而本地人只能处于从属地位。待殖民地意识到自己强大到可以抵抗的时候,就要摆脱建立殖民地的人设置的枷锁。国家就是人们居住的地方。人们不用多久就会忘记他们或者他们的父辈原先出生在别的国土上。雄心能实现私心开始要求的东西。人人都想自立于自己的土地上。这样一来就抛掉了枷锁。"

我对皇帝说,西班牙的抵抗运动在普通群众中影响颇大。我说他不重视西班牙人树立的榜样是个错误。我提醒他回想一下沙皇亚历山大曾说过的话,那段话令我印象很深。我从俄国回来后曾向皇帝复述过:"你们打败了西班牙军队,可你们没能征服那个国家。那里会出现其他军队。没有政府的情况下,西班牙人的斗争正给各国树立光辉的榜样。他们正在教育各国君主,正义的事业中,通过坚韧不拔的斗争,人们能够成就什么样的功绩。"

皇帝用"北方预言家的格言"来打趣沙皇这段话……

话题转回西班牙,皇帝说道:"事后夸夸其谈是容易的。像英雄一样被人吹捧也不难。可真正的英雄行为,实际上出自平凡的事业。人们仇视法国,把荣誉归于西班牙人时,他们的'英雄行为'只是出自半野蛮人的野蛮条件,出自我方将领犯下的错误助长的迷信,出自懒惰,绝不是出自英雄主义。西班牙农民宁愿过走私者或强盗的危险生活,也不愿做耕耘土地的劳动者。现在他们抓住动乱的机会开始过流浪走私犯的日子。那种日子非常适合他们的口味,把他们从极端贫困中解救出来,与爱国主义毫不相干。"

◆ ◆ ◆ ◆

皇帝事无巨细,事必躬亲。他想让每件事都带有他天才的印记。他派我给各指挥部、执勤军官、参谋人员、信使、传令兵、邮政勤务传达命令。另外,像禁卫军指挥官、军需负责人、杰出的总军医官拉雷这些人,他每天至少要召见一次。他事事关心,实际上,他的先见之明很可能源于这种关心,因为他连最小的细节也不放过。在他看来,任何有助于赢得胜利,或关乎部下福祉的事情,都值得每天加以留意。成功永远不会误导皇帝,让他耽于安乐,因为无论赢得多么伟大的胜利,确定大获全胜的那一刻,他就忙着采取尽可能多的防范措施,认真的程度一点不亚于遭遇挫败的时刻。

即便是追击仓皇逃窜的敌人,或是赢得一场伟大胜利的顶点时刻,无论皇帝多么疲惫,他总是关注那些有可能导致战况逆转的地形。在这方面,他对经过的地方有一

摘录

★ ★ ★

种惊人的记忆力，相关地形像浮雕那样呈现在他的脑海。像他这种兼具如此记忆力和创造性天赋的人物，可以说前无古人。他似乎能从每一捧泥土里提炼出人员、马匹、火炮的信息。他麾下各团、各勤务连、各辎重营的不同番号，以最神奇的方式在他脑中分门别类。他的记忆力足以应对一切。他知道每支部队在哪里，他们什么时候出发，什么时候到达目的地。他的记忆力比所有部队花名册更可靠，但这种有条不紊的精神，目的是让所有部队合作无间地实现他的意图，所有部队的建立和编组都以此为目的。

如果一场战役的问题，能通过赢得两三次交战来解决，那么，一切都会顺利：他是战争棋盘上的绝对主宰，肯定能打败对手。可他的创造性天才却不知道保存上天赋予的力量。他总是即兴发挥，麾下军队的快速挺进，几天内就会耗尽、打乱他凭借天赋创造的一切。如果历时三天的战役没能达成为期一年的交战所要取得的结果，那么，他精心策划的大部分东西就会被自己蒙受的损失打乱，因为一切进行得太快，太出人意料，而他的部将经验不足，不够谨慎，还被以往的胜利冲昏了头脑，最终搞砸了一切，前功尽弃。

皇帝一次次取得惊人的成功，证明了自己的天赋，这让他独自承担起赢得交战的责任。只要他及时赶到战场就够了，赢得胜利后肯定有足够的时间休整、重组，所以没人计较他的损失或他不得不放弃的东西，再说皇帝也没要求统计这些。意大利和奥地利战局迅速取得的战果，以及这些国家给入侵者提供的资源，宠坏了所有人，就连下级指挥官也是如此，他们已无法胜任更加严峻的战事。

进入俄国后，屡屡获胜的习惯让我们付出了高昂的代价，后撤期间的损失更加严重；后撤期间，永远向前的光荣习惯让我们沦为名副其实的学童。皇帝习惯亲自掌握部队，总是急于发起进攻，导致各条道路堵得水泄不通，各纵队也就难免乱成一团。这种情况下，人员和马匹折腾得筋疲力尽。

这场后撤的混乱程度前所未见，相关方案拙劣不堪，行军纪律荡然无存，车队的行进艰难无比。预先做出的安排完全没考虑防范措施和相关部署，我们遭受的这场灾难，很大程度上归结于缺乏预见性。每次涉及后撤问题，皇帝总是要到最后一刻才下定决心，通常为时过晚。他的逻辑推理能力始终没能控制住他对后撤的厌恶，那些幕僚习惯了按照他策划的一切行事，没有皇帝的指令，他们就连些许小事也做不了，更别说主动采取措施解决问题了。这些幕僚就是唯命是从的工具，无法为整体利益做出任何贡献。

皇帝甚至不同意做出最基本的牺牲来保全无疑是必不可少的东西。撤离俄国的漫长跋涉期间，尽管他比任何人都确定这场后撤势在必行，可他自始至终犹豫不决，优柔寡断。他始终不愿面对现实，一次次希望停止后撤，占据阵地。他固执地保留了大量物资，最终失去了一切。他对自己不喜欢的一切想法或观点反感得无以复加。命运女神屡屡对他绽露笑靥，这让他从不相信她有可能翻脸无情。

▷ **拿破仑退位前签署的信件**

他在信中授予德科兰古与同盟国进行谈判的全部权力。收藏于法国国家档案馆。

▽ **1814年拉昂战役后的撤退**

拿破仑身后从左到右依次是奈伊、贝尔蒂埃、弗拉奥（塔列朗的儿子）。埃内斯特·梅索尼耶（Ernest Meissonier, 1815—1891）绘于1864年。

Battle of Laon

127

75

19 世纪后期

因为我曾对未来做过考察，凭人的眼睛极力远眺，
见到世界的远景，见到将会出现的种种神奇精妙；
看到天空里贸易不断，神异玄幻的航队来往频频，
驾紫色雾霭的飞行者纷纷降落，带来昂贵的货品；
我听见天上充满了呐喊，而交战各国的空中舰队，
在蓝天的中央厮杀，降下了一阵令人惊怖的露水。

——丁尼生《洛克斯利田庄》（黄杲炘译）

"战争中接连取得的成就，
不是预先谋划的结果，而
是自然发生的，而且受到
军事天赋引导。"

老毛奇肖像

卡尔·金特（Carl Günther）
摄于柏林。

Helmuth von Moltke

赫尔穆特·冯·毛奇（老毛奇），出生于 1800 年，在丹麦接受教育后参军入伍。1821 年，他转入普鲁士军队任少尉，有段时间主要靠撰文写稿维持生计。他写过一部小说，还翻译了吉本的《罗马帝国衰亡史》，但这个版本没有刊行。毛奇后来前往土耳其担任军事顾问，1839 年在叙利亚参与了反对埃及军队的战役。同年，他返回德国，在普鲁士总参谋部任职，后前往罗马，担任霍亨索伦王室某位亲王的副官，之后又担任威廉亲王（后来的腓特烈三世）的副官。

尽管毛奇缺乏指挥经验，但他深得普鲁士国王赏识，1857 年出任总参谋长，与首相俾斯麦和战争部长冯·罗恩密切合作，致力于改革普鲁士的军制，建立德意志帝国。普鲁士在 1866 年的普奥战争和 1870 年—1871 年的普法战争中获胜，毛奇为此发挥了重要作用，最终晋升元帅。威廉二世即位后，毛奇 1888 年辞去职务，1891 年去世。

《1869 年大兵团指挥官教令》

Instructions for the Commanders of Large Formations, 1869

摘录

★ ★ ★

▽ 爱迪生和他的第二台
留声机

由莱文·C. 汉迪（Levin
C. Handy，1855—1932）
摄于华盛顿，时间可能在
1878年。

进攻精神激发起士气，但相关经验证明，一旦遭受严重损失，这种兴奋状态就会变成完全相反的情况……

毫无疑问，士兵在静止状态下开枪，比他一边行进一边射击更具优势；获得地形掩护者，比遭遇障碍的士兵更具优势；哪怕是最勇猛的冲锋，也敌不过沉稳的、有效的射击，如今的火力极为强大，必然决定一切。要是我们有可能占据这样一处阵地，而敌人出于某些政治或军事原因，或者仅仅是为了民族"自尊心"而决心投入进攻，那么，先利用防御的优势，尔后再遂行进攻似乎是完全合理的做法。

面对激励我方官兵奋勇向前的欲望，指挥官应当控制部下，而不是敦促他们前进……

18 世纪出生的人的声音

1889 年 10 月 21 日，老毛奇与阿德尔贝特·旺格曼合作录制了两份录音。旺格曼曾与托马斯·爱迪生一起工作，后来带着爱迪生新发明的圆筒留声机去了欧洲。毛奇在两个蜡筒上录下了《哈姆雷特》第一幕第三场中的一句台词和《浮士德》中的一段。2012 年 1 月 30 日，托马斯·爱迪生国家历史公园公布了这些录音。毛奇出生于 1800 年，严格来说是 18 世纪的最后一年，所以这是目前唯一记录下来的 18 世纪出生的人的声音。考虑到毛奇的绰号叫"伟大的沉默者"，这份录音更显珍贵。

《1863 年致函
胡克将军》

Letter to General Hooker, 1863

"你曾给集团军灌输过批评、不信任指挥官的作风，我非常担心这种风气会转到你身上。"

摘录

★ ★ ★

我已任命你为波托马克集团军司令。我之所以这样做，当然是有充分理由的。但我认为最好让你知道，我在某些事情上对你的做法不太满意。

我相信你是个英勇善战的军人，我对此非常欣赏。我还相信你不会把政治与自己的职业混为一谈，你在这方面做得没错。你满怀自信，这种品质即便不能说不可或缺，至少也是难能可贵的。你雄心勃勃，如果把这份雄心控制在合理范围内，有益而无害。但我知道，伯恩赛德将军指挥集团军期间，你在野心驱使下百般作梗，对国家，对这位战功卓著、值得尊敬的同袍都犯了大错。我从可靠的渠道听说，你最近声称军队和政府都需要一位独裁者。我任命你为集团军司令，不是因为你说过这番话，而是不在乎你这种言论。只有建功立业的那些将军才能成为独裁者。现在，我要求你取得军事胜利，为此甘愿冒上独裁统治的风险。

政府会全力以赴地支持你，不会比以前多也不会比以前少，对所有将军一视同仁。你曾给集团军灌输过批评、不信任指挥官的作风，我非常担心这种风气会轮到你身上。我会尽力帮助你抑制这股歪风。如果放任这种作风，别说是你，就算拿破仑再生也无力回天；现在你要戒骄戒躁。戒骄戒躁，但也要充满干劲，时刻保持警惕。勇往直前，为我们争取胜利吧！

林肯
1809—1865

作者
生平

Lincoln

林肯肖像

挂在白宫国宴厅中。乔治·P. A.
希利（George P. A. Healy,
1813—1894）绘于1869年。

Ⅲ 伯拉罕·林肯 1809 年出生于肯塔基州一座农庄。历经多年贫困生活，他靠自学成为律师，1847 年当选国会议员。林肯退出政坛五年后，加入新成立的共和党，1858 年当选参议员，1860 年以微弱的优势当选美国总统。1864 年，林肯再次当选总统，内战 1865 年结束后不久，他遇刺身亡。林肯有过一段短暂的军旅生涯，1832 年 4 月 21 日至 1832 年 7 月 10 日，黑鹰战争期间，他在伊利诺伊州民兵组织中服役。虽然他没有参与直接的战斗，但这段经历对他的人生影响很大。

谢尔曼
1820—1891

Sherman

威廉·特库姆塞·谢尔曼 1820 年出生于俄亥俄州，1840 年毕业于西点军校。他参加了对印第安人的战争，还在加利福尼亚从事军行政工作，1853 年辞去军职来到田纳西州，随后在路易斯安那州一所新成立的军事学院担任军事负责人，次年加入联邦军任步兵上校，经历了奔牛河战役的惨败。

内战初期，谢尔曼担任过各种职务，新闻媒体认为他的行为乖张荒诞，但希洛战役后，谢尔曼还是被擢升为少将，在维克斯堡战役最后阶段指挥格兰特将军的右翼力量。他接替格兰特指挥密西西比集团军，负责攻克亚特兰大。1864 年 10 月，谢尔曼开始"向大海进军"，年底到达萨凡纳。谢尔曼在卡罗莱纳州进一步采取果断的行动后，接受了约翰斯顿的投降，内战就此结束。

平定西部后，谢尔曼 1869 年接替格兰特出任陆军总司令，在堪萨斯州莱文沃思堡建立了军事训练中心。他 1883 年退役，1891 年去世。

◁ **谢尔曼的肖像**

他左臂上绑着的黑纱是为了悼念林肯总统。1865年5月，马修·布雷迪在华盛顿特区拍摄。他的中间名"特库姆塞"据说源于他父亲"对肖尼族的大酋长'Tecumseh'的喜爱"。

《1864 年致函 R. M. 索耶少校》

Letter to Major R. M. Sawyer, 1864

"只有那些没开过一枪，也没听到过伤者的尖叫和呻吟的人才会大声喊着要流血，要继续复仇，要制造更多的荒凉。战争是地狱。"

▽ 亚特兰大城外的工事

▽ 围攻亚特兰大

图勒·德·图尔斯特鲁普（Thure
de Thulstrup, 1848—1930）绘
于约1888年。

摘录

★ ★ ★

（1864 年 1 月 31 日写于田纳西州维克斯堡的司令部）

我前面几封信回答了你的所有问题，只有一个除外，也就是关于如何对待已知或疑似敌对分子和"分离主义者"的居民。这的确是我方军队进军并占领南方地区最棘手的问题。在这方面几乎无法制定条令，我总是把整个问题交给当地指挥官，但我愿意把自己获得的经验和知识与他们分享。我们的战争原则源于欧洲，那里的战争是国王或统治者借助雇佣的军队进行的，百姓并不参与其中。

这些平民百姓似乎保持中立，还把他们的农作物卖给占领他们居住地的任何一支军队。

拿破仑与普鲁士、奥地利、俄国开战期间，购买了当地居民的饲料和粮食，因而对满足他需要的农庄和工厂加以保护。联军在法国境内同样如此，他们从法国居民手里购买他们需要的一切，也就是农作物或当地制造的东西。因此，通常的规则过去是，现在依然是，战争仅限于参战军队，不该波及民宅或私有财产。但也有些采用了不同规则的例子，还获得了史学权威的认可。我仅举一例，威廉和玛丽麾下的英国军队占领了处于叛乱状态的爱尔兰。当地居民实际上被驱逐到异国他乡，财产也遭没收，新居民随后迁入。

时至今日，爱尔兰北部大部分地区的居民是苏格兰移民的后裔，这些移民当初是根据威廉的命令和议会的法案迁居到那里的。目前在我国领土上肆虐的战争，本质上是一场种族战争。南方民众和我们北方人一同组成明确而又统一的政府，可还是通过各个州组织保持一种独立存在，具有不同的利益、历史、偏见。他们的偏见越来越强烈，最终引发战争，结出最苦涩的果实。

我们北方人从事的事业无疑是正义的，可我们不能无视的事实是，南方民众既有的偏见已构成他们的部分本性，不经过一番理性的努力，或缓慢的自然转变过程，他们根本无法摈弃这些偏见。那么问题来了，我们是否应该把与我们观点不同或存有偏见的所有南方人视为彻头彻尾的敌人，杀掉或驱逐他们呢？还是应该给他们时间思考，逐渐改变他们的行为，从而适应逐渐渗透到他们这些地区的新秩序呢？

有人拿起武器反抗合法政权时，我们只得被迫使用武力，因为双方诉诸武力后，一切理性和争论戛然而止。我们的敌人征用粮食、草料、马匹、骡子、大车等，这种情况下，我们显然有责任和权利拿走这些东西，不然就会被敌人用来对付我们。同样的道理，征用怀有敌意的百姓遗弃的空房屋显然也是我们的权利，因为我们需要以这些房屋充当仓库、医院、营房。

但随之而来的问题是，妇女、儿童、非战斗人员居住的房屋。只要非战斗人员待在他们的屋子里，继续从事惯常的和平生计，他们的观点和偏见绝不会影响到战争，所以我们不该打扰他们；可要是有谁跑到大街上制造混乱，他或她就该按照指挥官的裁决受到惩处、拘禁，被驱逐到前方或后方。如果当地民众中有人与敌对势力保持联系，那么，他或他们就是间谍，可以依法处以死刑，也可以从轻处罚。

这些是确立已久的战争准则，南方民众已诉诸战争，也就不再享有我国宪法的保护。实际上，他们公然背叛了宪法。既然他们诉诸战争，就必须遵守战争的条例和法规……

拉塞尔
1820—1907

Russell

威廉·霍华德·拉塞尔 1820 年出生于都柏林附近，后来成为《泰晤士报》记者。克里米亚战争爆发后，拉塞尔 1854 年赶去报道英国军队的作战行动。战地情况极为混乱，军方不愿拉塞尔报道战事，竭力给他制造各种不便。但由于瓦尔纳到布加勒斯特的电缆已布设，这让拉塞尔得以用电报发回自己的一手目击报道。

拉塞尔对美国内战的报道，同情南方军队的色彩较浓，结果遭到强烈抨击，但也有人为他辩解。《泰晤士报》写道："他在任何地方都没像美国这样，言论自由受到如此激烈的责难，工作遭到如此猛烈的抨击！"

后来，拉塞尔作为《陆海军公报》的编辑，继续激发民众对军事事务的兴趣。他游历了世界各地，受到各国政治、军事领导人接见，1895 年受封爵士勋位，1907 年去世。

他被认为是最早的现代战地记者之一。南丁格尔后来将自己进入战时护理行业归功于他的报道。

拉塞尔肖像

罗杰·芬顿（Roger Fenton，1819—1869）摄于1855年。

《1854—1855 年的克里米亚战地报道》

Crimea Despatches, 1854-1855

"没有支援，骑兵绝不行动。"

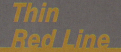

▷ 《细细的红线》

罗伯特·吉布（Robert Gibb, 1845—1932）绘于1881年，收藏于苏格兰国家战争博物馆。

Thin Red Line

细细的红线

　　拉塞尔在报道塞瓦斯托波尔围城战时，创造了这个词来指代巴拉克拉瓦战役中的英军第93萨瑟兰高地人团。"细细的红线"后来成为英语中的一种比喻，指坚守阵地抵抗攻击的力量薄弱的军事单位。这个短语也有隐喻意，即一个国家以相对有限的武装力量对潜在的攻击者构成的障碍。

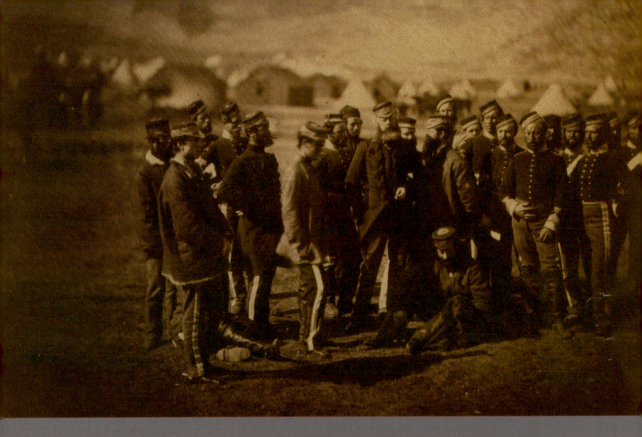

摘录

★ ★ ★

△ 第13轻型
龙骑兵团的官兵

该团也参与了这次"死亡
冲锋"。罗杰·芬顿拍摄于
1855年。

轻骑兵旅冲锋

　　1854 年 10 月 25 日，塞瓦斯托波尔。卢坎勋爵不太情愿地命令卡迪根勋爵朝敌人的火炮前进，他认为自己下达这样的命令，完全是上级的指令所迫。高贵的勋爵虽然没有畏缩，但也看出他与敌人可怕的力量悬殊。有句战争格言是，"没有支援，骑兵绝不行动"，也就是说，骑兵冲击敌炮兵阵地，成败就在瞬间，步兵应该部署在他们身边，另外还要在骑兵线翼侧部署几个排成纵队的骑兵中队，因为翼侧遭受攻击最为危险。我们的轻骑兵，获得的唯一支援是位于他们身后很远处的重骑兵预备队，步兵和火炮的位置更远。翼侧根本没有排成纵队的骑兵中队，我们的轻骑兵到达敌炮兵阵地前，必须冲过一英里半的平原。

　　11 点 10 分，我们的轻骑兵旅向前而去。他们冲向前线之际，俄国人部署在右侧掩体里的火炮朝他们开火，还以滑膛枪和来复枪施以一轮轮齐射。他们在朝阳下熠熠生辉，带着战争所有的骄傲和辉煌，豪迈地冲了上去。我们简直不敢相信眼前的场景，他们不会就以这么点兵力冲击阵地里的敌人吧？唉！他们真的冲锋了，奋不顾身的勇气固然可贵，可他们忽略了更重要的东西——谨慎！他们排成两列横队向前，快要接近敌军时加快了速度。其他人爱莫能助，眼睁睁地看着英勇的同胞冲向死神的怀抱，再没什么比这更可怕的场面了。

　　1200 码外，敌人整条战线上的 30 张"铁嘴"喷吐出一股浓烟和火焰，致命的弹

丸嘶嘶作响地夹杂其间。弹着点立即在我方队列造成若干缺口,阵亡的骑兵和马匹倒下,负伤或无人骑乘的马匹奔过平原。第一条骑兵横线已破裂,排在第二线的骑兵迅速补上去,他们丝毫没有停顿,也没有减缓速度。俄国人的炮火具有致命的精准性,面对 30 门火炮的轰击,轻骑兵队列越来越稀疏,人数越来越少,他们的头上形成一道闪烁的钢铁光环,伴随一声欢呼——这是许多高贵的战友阵亡前发出的呐喊,他们冲入敌炮兵阵地腾起的硝烟;但他们在视野里消失前,平原上已满是阵亡骑兵和马匹的尸骸。

他们暴露在两侧高地上的炮兵阵地的侧射火力下,滑膛枪的直射火力也朝他们袭来。透过硝烟,我们看见他们跃入炮兵阵地,在一门门火炮间冲杀,砍倒敌炮兵时马刀闪着光。我们喜不自胜地看见他们突破一支俄军步兵纵队,砍瓜切菜般地击溃对方后退了回来,这时,高地上俄军火炮的侧射打散了我们的轻骑兵。就在他们打算后撤之际,一个枪骑兵团突然攻向他们翼侧。第 8 轻骑兵团的休厄尔上校意识到危险,率领寥寥无几的部下,策马冲向对方,以惨烈的损失杀开条血路。其他团也掉转方向,展开一场殊死遭遇战。

他们带着令人难以置信的巨大勇气,冲破了包围他们的敌军纵队,这里发生的是文明国家的现代战争中无与伦比的惨烈战事。骑兵风暴袭过后,俄军炮兵回到自己的火炮旁,再次以猛烈的榴霰弹射向苦苦厮杀的人员和马匹。我们的重骑兵旅,所能做的仅仅是掩护所剩无几的英雄,返回他们刚刚离开去赢取毕生骄傲的地方。11 点 35 分,血腥的俄军火炮前方,除了死者和垂死者,已没有一名英军士兵。

△ **轻骑兵旅的冲锋**

俄军视角下,英军轻骑兵旅冲进"死亡山谷"。英军轻骑兵向画面左侧的俄军炮兵部队发起冲锋,同时,俄军大炮从山坡上向冲锋的英军轻骑兵旅的左翼开火。命令在传递过程中出现讹误,致使英军朝错误方向发起了冲锋,承受了惨重伤亡。威廉·辛普森(William Simpson,1823—1899)绘制。

摘录

★ ★ ★

严冬的煎熬

滂沱暴雨持续不停，天空漆黑如墨，狂风呼啸着掠过摇摇欲坠的帐篷，堑壕成了堤坝，营帐里的水有时候深达一英尺。我方官兵的军装既不保暖也不防水，他们每次要在战壕里执勤 12 小时，他们陷入了冬季战役无可避免的悲惨境地，似乎没人关心他们的福祉，甚至不在乎他们的死活。这些让人难以接受的事实，迟早会传到英国民众耳中。他们的确应该知道，冒雨踯躅于伦敦街头的可怜乞丐与为国奋战的英军士兵相比，过的简直就是王子般的日子，可国内当局一直向我们保证，英军是欧洲装备最好的军队。

岁末临近，严冬到来，军队遭的罪太大了；夜间勤务，冒着暴风雨站岗警戒，堑壕里的体力活，这一切把他们折腾得筋疲力尽。他们发现津贴突然少了，以往可口又量足的口粮不是中断就是大幅度减少。

◆◆◆◆

走入其中一间屋子，我见到了触目惊心的场面，感谢上帝，幸亏这种景象没太多人见过。这间狭长低矮的房屋，顶部以几根方梁支撑，微弱的光线穿过破碎、没装玻璃的窗框洒入，屋里躺着俄国伤兵。伤兵，我说伤兵了吗？不对，其实是死者！俄国士兵腐烂发臭的尸体，他们在极度痛苦的状况下被丢在这里等死，没人理会，更没人照料，一个挨一个紧贴在一起，有的躺在地上，还有的躺在支架、床板或稻草上，滴落或渗到地上的鲜血与腐烂的粪便混杂在一起，浸满一具具尸体……要是得到适当的救治，许多人本来是能活下来的。不少人躺在那里，可还活着，蛆虫在他们的伤口处蠕动。许多伤兵被身旁的情形吓得几乎发疯，或是竭力想逃脱极度的痛苦，已从床上滚落，盯着肝胆俱裂的目击者。好多伤兵的腿和胳膊断裂扭曲，锯齿状的弹片仍嵌在肉里，他们乞求救助、饮水、食物或怜悯，还有些伤兵已濒临死亡，要么是头部或躯体负了致命伤，已无法言语，只能默默地指着负伤的部位……

◆◆◆◆

▽ 塞瓦斯托波尔围攻战

弗兰克·阿列克谢耶维奇·鲁博（Franc Alekseevic Rubo, 1856—1928）绘于1905年。

我报道了战场上的真相，结果遭到国内某些人大肆谩骂，我对此深感荣幸。但我不能撒谎或粉饰战争……暴力支持者唯一能指责的是，我没有为当局"粉饰真相"，还有就是，除了污秽、饥饿、战事停滞不前，我没有报道目前补给充裕和胜利前景的"勃勃生机"。

142 19 世纪后期

Malakoff
Redoubt

△ **1855年9月8日在
马拉科夫的战斗**

阿道夫·伊冯（Adolphe
Yvon，1817—1893）绘。

克里米亚战争

    1853 年至 1856 年间在欧洲爆发的一场战争，其中最长和最重要的战役在克里米亚半岛上爆
发，因此得名。由于战争的导火索是沙俄与奥斯曼土耳其之间的争端，因此这场战争也被视为第
九次俄土战争。俄罗斯帝国最终输给了法国、奥斯曼帝国、英国和撒丁王国的联盟，于 1856 年 3
月 30 日签署《巴黎条约》。

布洛赫
1836—1902

Bloch

伊万·斯坦尼斯拉沃维奇·布洛赫，又名让·德布洛克，1836 年出生于波兰拉多姆。他的大半生都在俄属波兰的铁路管理部门任职，是俄罗斯帝国的铁路特许经营人，外号"铁路大王"。但后来他成为世界和平的热心倡导者，于 1899 年作为俄国的代表参加了第一次海牙和平会议，还在瑞士卢塞恩建立了一座和平博物馆。他的著作《战争前景与技术、经济、政治的关系》于 1898 年出版，共七卷。1899 年，英文删节版在伦敦推出，书名改为《现在不可能爆发战争吗？》。1900 年，又出版了一个删节版，名为《现代武器与现代战争》。布洛赫于 1902 年去世。他是最早持以下观点的人士之一：战争会变得极其可怕，代价极度高昂，没有哪个国家承担得起。

△ **布洛赫肖像**

摄于1900年，收藏于以色列国家图书馆。

33

《现代武器与
现代战争》

*Modern Weapons
and Modern War*

"从军事、经济和政治的角度来看，我认为战争已经变得不可能发生了。战争机制的发展，使战争成为一种不切实际的行动。"

**内容
提要
★★★**

全书讲述了两个问题：陆、海军的发展；战争时期的经济困难。第一部分论述了如何在陆地上发动战争，战役计划的可能和不可能，海战的未来，俄罗斯是否需要海军，19世纪战争的代价，未来战争的代价，对伤员的照顾；第二部分，分别以俄、英、德、法为例进行分析，最后论述了军国主义和它的克星。

摘录

★★★

正如我们说过的那样，日后不可能再有快速完成的决定性会战。轻武器和火炮的最新改进，再加上部队学会了利用地形优势，极大地加强了防御力量。现代步枪威力很大，操作简单而又方便。要克服步兵依托掩蔽阵地实施的抵抗，难度非常大。即便把他们逐出阵地，对方也会迅速找到天然障碍物——小丘、坑洞、树林等，以此作为新的抵抗支撑点。致命火力区域比以往更加宽大，交战也就更胶着，更旷日持久。当初发生在罗斯巴赫，几分钟内突然打垮敌军的事情，现在看来简直是荒谬绝伦。

每个军事单位的抵抗力已大幅度加强，只要援兵迅速开抵战场，一个师现在完全能迎战一个军。前面提到过东普鲁士演习的例子，一个师承受一个军的冲击，坚守到援兵开抵，足以证明这一点。大批兵力部署在相当大的作战区域内，意味着进攻方可以集中优势兵力，对某处发起卓有成效的冲击，用不着对防御方主力展开全面进攻。

以前交战双方中的任何一方，很快就承认对方占据的优势，因而不再继续战斗。胜利的结果和战利品是控制战场。大多数军事作家认为，取得这样的结果很成问题。

从许多军事作家的观点看，必然的结论是，随着射程的加大和火力的加强，再加上突击行动面对的种种困难，双方兵力相等的情况下，只有一方耗尽弹药，另一方才有可能取得决定性胜利。但考虑到士兵目前的携弹量，以及弹药车装载的大量备用弹药，更有可能发生的情况是，没等所有弹药耗尽，惨重的战斗伤亡已导致交战难以为继。以往的看法是，夜晚会中断交战，可现在有了解决办法，双方经常在夜间继续或重新展开厮杀，这归功于电力照明。

为激励将士，所有军队都给官兵灌输这样的信念：果断的突击足以迫使敌人退却。因此，我们在法军野战条令中发现了以下说法："获得英勇、坚决领导的步兵，可以冒着最猛烈的火力发起突击，甚至能进攻并占领敌人防御严密的工事。"但上文的种种考虑，足以说明这种行动的难度。

我们假设，就算防御方开始退却，进攻方集中力量准备突击之际，防御方的游击战也随之展开。实际上，现代步枪发射无烟火药，可以说是从事游击战的主要武器，因为装备这种步枪的部队，哪怕是小股力量，也能在掩蔽阵地里从远距离给进攻方造成巨大的损失。进攻方逼近时，防御方薄弱而又灵活的第一线力量迅速后撤。他们以火力扰乱敌人，迫使对方扩展队形，然后在其他地点实施机动。

Carl Günther   Berlin

◁ 冯·罗恩

罗恩与俾斯麦、老毛奇三人是19世纪60年代普鲁士政府的主要人物，领导了对丹麦、奥地利和法国的一系列战争，并最终统一了德国。卡尔·金特拍摄。

防御方的一线力量以这种方式阻挠敌人突击之际，主力趁机实施重组，根据情况采取行动。进攻方虽然满怀必胜的信念，却发现无法接触敌人的后卫，对方时而消失，时而出现，一会儿在翼侧，一会儿又在正面，这就让他们逐渐丧失信心，而防御方却恢复了斗志。

显然，使用老式火药的话，火药产生的烟雾会暴露敌人的战线，甚至泄露他们的大致兵力，这样的机动过于危险，不能执行。有人认为，必须以精心挑选的士兵从事此类行动，这种想法是错误的。受过训练的普通士兵完全可以胜任。每个士兵都知道，两三个旅无法彻底阻止大股敌军开进。可发现进攻方严重受阻，每天的进展不超过 4~5 英里，防御方就有充分的理由期盼并等待转机。

由此可见，无烟火药大幅度加强了防御的力量。的确，我们在昔日的战争中找到许多案例，说明顽强的后卫行动为主力的有序后撤创造了条件。可即便如此，若胜利的态势非常明显，而且无法逆转，就会让追兵士气大振。战败方会设法尽快脱离敌军火力。现在有了速射炮和远程火炮，事实证明，最初几英里的后撤比坚守阵地更加危险，但部署若干狙击兵掩护后撤，能极大地阻滞进攻方的追击。

圣西尔元帅宣称："一支英勇的军队，包括三分之一确实很勇敢的士兵，另外三分之一在特殊情况下可能变得很勇敢，剩下的三分之一就是胆小鬼了。"随着文化和繁荣程度的提高，紧张情绪随之增加，我们发现，现代军队，特别是西欧的军队，很大一部分官兵不习惯从事重体力活和强行军。大多数制造业工人属于这一类。紧张情绪会变得更加明显，因为许多军事作家强烈建议实施夜袭，毫无疑问，夜袭会比以往更加频繁。就连一想到夜袭，也会让他们惊慌失措，紧张不安。

紧张给战时损失造成怎样的影响，这个问题引起几位医学作家关注，有人指出，不少士兵会被逼疯。著名的普鲁士战争部长冯·罗恩，在 1866 年自尼克尔斯堡寄回的信里写道："增加的工作，大量形形色色的感受，严重刺激着我的神经，就像脑袋里要迸出火焰似的。"

我们已多次提到日后的战争旷日持久的可能性。针对这种可能性，唯一需要考虑的是：为庞大的军队提供给养的困难，以及平时靠进口玉米维生的那些国家发生饥荒的可能性。除了俄国和奥匈帝国，没有哪个欧洲国家能实现自给自足。但蒙特库科利说："饥饿比钢铁更可怕，缺乏食物给军队造成的破坏，远甚于交战。"腓特烈二世宣称，哪怕是最伟大的军事方案，也可能因为缺乏给养而受到破坏。但腓特烈二世的军队与今天的大军相比，完全是小巫见大巫。

诚然，古代历史提供了不少大股军力投入战争的例子。但这些战争通常由几场打击决定，因为那里既没有可用于增援的快捷交通，也没有固定的防线。而现代历史却有许多说明战争旷日持久的案例。但必须记住，三十年战争和七年战争并非持续不停，入冬后，参战军队开入冬季营地，在那里获得定期供应的补给，开春后恢复作战行动，这些行动只取得局部战果，例如赢得一场交战，攻克一座堡垒，尔后再度停止行动。因此，现代历史中的长期战争，也许应该视为一连串短期战役。

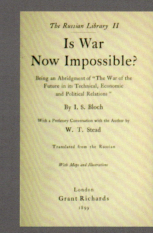

△ 《现在不可能爆发战争吗？》首版书名页

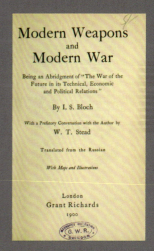

△ 《现代武器与现代战争》首版书名页

34

《伟大的备忘录》
The Great Memorandum

"斗争必不可免，保持右翼的强大！"

小毛奇1911年对施利芬计划的评论

为穿过比利时前进，尽量加强右翼力量当然是非常重要的。可我无法赞同，为实施包围，除了比利时，竟然还要侵犯荷兰的中立。我们身后有个敌对的荷兰，会给向西开进的德国军队造成灾难性后果，特别是英国可能会以荷兰的中立遭到侵犯为借口，对我们宣战。中立的荷兰能掩护我们的身后，这是因为，倘若英国以比利时的中立遭侵犯为由对我们宣战，他们就不能侵犯荷兰的中立。他们不能为保护一国的中立而破坏另一国的中立。

另外，确保荷兰中立，我们就能获得进口商品和补给物资，这一点至关重要。荷兰必须成为能让我们呼吸的气管。

◁ **小毛奇肖像**

E. 比贝尔（E. Bieber）摄，时间不详。

Schlieffen

阿尔弗雷德·冯·施利芬出生于 1833 年，短期学习法律后，1854 年加入普鲁士军队。他 1865 年成为总参谋部成员，此后几乎毕生在总参谋部工作。施利芬 1891 年出任总参谋长，1905 年退役，但继续为总参谋部提供建议，1913 年去世。

相关记录指出，他某次乘火车外出，副官为打破旅途的沉闷气氛，评论起窗外的山谷美景，施利芬唯一的回答是"一道微不足道的障碍"。他毕生的大部分岁月，都用于制订自己的作战计划，这份计划最终在 1914 年由他的继任者付诸实施。

"施利芬计划"几经修改才最终定稿，德国陆军总参谋部 1905 年采纳。这份计划的理念据说源自坎尼战役。

"施利芬计划"中的实际兵力部署和机动细节不详。小毛奇 1914 年把这份方案付诸实施后，只取得有限的成功。

施利芬肖像

E. 比贝尔摄于1906年。

149

摘录

★ ★ ★

对德战争中，法国起初很可能采取守势，特别是在他们无法指望获得俄国有效支援的情况下。鉴于这种状况，他们早已构筑了既设阵地，其中大部分是永备防御阵地，贝尔福、埃皮纳勒、图勒、凡尔登这些大型要塞是主要支撑点。庞大的法国军队可以充分占领这些阵地，给进攻方造成巨大的困难。

针对各个大型要塞，不能直接发起攻击，征服这些要塞需要大量攻城设备、大量时间、大量兵力，特别是在不可能遂行包围，只能从一侧实施围攻的情况下。进攻方最好沿各座要塞间的空隙向前推进……

因此，对贝尔福—凡尔登这片阵地发起正面突击，成功的可能性微乎其微。从南面实施包围的话，就得先行击败瑞士，攻克汝拉要塞，不仅耗费时日，而且在此期间，法国人肯定不会无所事事。

针对北面的包围，法国人打算占据凡尔登与梅济耶尔间的默兹河，但据说他们真正的抵抗不在此处，而是在埃纳河后方，大致位于圣默努尔德与勒泰勒之间。他们似乎还考虑在艾尔河前方构筑一道中间阵地。倘若德军的包围更进一步，就会遭遇一道

Great General Staff

1900年的总参谋部大楼

强大的山区阵地，支撑点是兰斯、拉昂、拉费尔要塞……

对上述所有强大的阵地同时发动进攻，我们对此没有充分的信心。比正面进攻辅以左翼包围更具前景的行动，似乎是从西北方打击敌军翼侧，直奔梅济耶尔、勒泰勒、拉费尔，并渡过瓦兹河打击法军阵地后方。

为实现这项行动，我们必须夺取默兹河左侧的法国一比利时边界，还要拿下筑垒镇梅济耶尔、伊尔松、莫博日这三个小堡垒，另外还有里尔和敦刻尔克。此举势必侵犯卢森堡、比利时、荷兰的中立。

侵犯卢森堡的中立，除了引发抗议，不会招致严重后果。荷兰对法国的盟友英国满怀敌意，并不亚于德国对英国的敌意。我们完全有可能同他们达成协议。

比利时可能会实施抵抗。面对德军在默兹河北岸的推进，比利时军队会按计划撤往安特卫普，我们必须把他们挡在那里，此举可通过在北面封锁斯海尔德河来实现，这样就切断了他们与英国和海上交通的联系。至于列日和那慕尔，他们只打算派驻少量守军，我们加以监视就足够了。我们可能要攻占于伊城堡，或予以压制。

35

《美国的军事政策》

The Military Policy of the United States

"任何人了解了他辉煌的职业生涯，都会得出这样的结论：他具有真正的战争天赋，以及任何人在这方面所能获得的所有理论和实践知识。"

——詹姆斯·H.威尔逊将军

内容提要

★★★

厄普顿在书中概述了美国的军事历史，提出建立一支强大的常备军，战时由志愿兵或义务兵补充；建立一个基于普鲁士模式的总参谋部系统；通过考试来决定晋升；达到一定年龄的军官强制退休；军官要接受高等军事教育；战场上的所有军事决策都应该由专业军官做出，限制文官对军事决策的影响。

他提出的所有改革建议都在 19 世纪 90 年代和 20 世纪初实施，并为美国军队在军事实操中表现出的高效率奠定了基础。厄普顿之于美国陆军，犹如马汉之于美国海军。

Upton

埃默里·厄普顿，1839 年出生于纽约，1861 年毕业于西点军校，内战期间跟随联邦军队参战，先后在步兵、骑兵、炮兵服役，战功卓著，最终晋升名誉少将。

他设计了一套新的步兵战术体系，1867 年获得采用。1870 年到 1875 年，他在西点军校担任学员队队长，兼任炮兵、步兵、骑兵教官。之后，他奉谢尔曼将军的命令巡游世界，研究各国的军事制度，1875 年回国后撰写了《亚欧军队》。

1881 年，厄普顿担任旧金山地区总司令后不久饮弹自戕，年仅 41 岁。他是个孤僻的人，怀有强烈的宗教信仰，对美国和美国陆军的状况深感不满。他还深受头痛之苦，可能是由脑瘤引起的。

厄普顿自杀时，他的研究工作尚未完成，在档案里存放了多年。陆军部长伊莱休·鲁特 1903 年指出："厄普顿的各项建议，具有他杰出职业生涯的所有声望，获得曾指挥美国陆军的伟大军人谢尔曼将军大力倡导和支持……可他的声音就像是旷野里的呼喊。"

▷ 厄普顿肖像

摘录

★ ★ ★

独立战争给我们的教训是：

第一，威胁独立大业的所有危险，几乎都源于我们的政治家在军事事务方面毫无经验，给军队立法造成重大错误。

……

第九，征兵，无论是否辅以志愿兵和募兵，是战时政府唯一可靠的依赖。

第十，短期入伍对军纪有害，会让军队不断遭受灾难，必然导致战事旷日持久，危险和费用与日俱增。

第十一，战争开始时的短期入伍，往往会让人厌恶服役，迫使政府不得不征兵或募兵。

第十二，以正规军从事战争，是政府唯一的稳妥依赖，从各个方面看都是最好、最经济的办法。

第十三，从事战争的国家，依靠正规军和志愿兵，或正规军和民兵制度的话，这

△ **1882年美军军服**

些人在缺乏强制力或强烈诱因的情况下，总是会加入军纪最松弛的部队。

第十四，部队的可靠性与他们的军纪成正比；军纪是长期训练的结果，没有优秀的军官团，立不起严明的纪律。

第十五，兵力不足以抵消懈怠的军纪，这就说明，我们在和平时期和战时真正的政策，就像华盛顿说的那样——"应该拥有一支优秀的，而不是庞大的军队。"

力图把内战期间犯下的所有重大错误和失误归咎于我们的军事制度存在的缺陷时，重要的是牢记军人和政治家各自的职责和责任。后者负责创建、组织我们的资源，和总统一样，他们对管理或管理不善可能进一步负有责任。而军人，除了应当就我们制度下的各种组织细节给出建议并提供咨询外，还对控制、指挥我们的野战军队单独负有责任。

只要历史学家坚决主张我们的指挥官对战时灾难单独负有责任，民众和他们的代表就无法认清改进我们制度的重要性。

Goltz

△ 戈尔茨元帅肖像

科尔马·冯·德尔·戈尔茨男爵，出生于1843年，1861年加入普鲁士陆军。他在普奥战争期间短暂服役后，调入总参谋部任职。1871年，他在波茨坦军校任讲师，1878年在柏林军事学院讲授军事史。他在土耳其待了12年，协助该国重建军事机构，1911年晋升为元帅，1913年退役。

第一次世界大战爆发后，戈尔茨在德国占领的比利时任军事总督，随后前往土耳其。他平生第一次指挥野战集团军，在美索不达米亚对付英军。他说他要把英军指挥官汤曾德押回君士坦丁堡，"死活不论"。汤曾德最终在库特投降，果然被押回君士坦丁堡，已于几天前去世的戈尔茨和他同乘一列火车返回。

《全民皆兵论》

The Nation in Arms

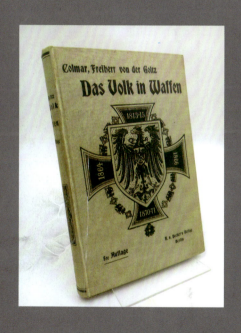

◁ 1983年德文版

▷ 汤曾德将军

**内容
提要**

★★★

作者在书中论述了以下几个方面：现在的军队；军队的指挥权；战争
胜利的条件；演化与战斗；决心、坚定、主动、独立和武断；对演
化和战斗的特殊影响；要塞的影响；登陆；战争中的军需部和供给；战
争目的的实现。

摘录
★ ★ ★

我们经常听见这样的抱怨，现代科学和技术的一切进步都会立即用于消灭人类这种邪恶的目的。由此看来，凭借这些进步而崛起的国家，不但没有越来越文明，反而变得更加粗鲁、残暴，因为他们怀着日益增长的热情，满脑子想的是相互毁灭。可这种论断仅仅是看似正确。文化、科学、艺术、财富让某个国家的生活变得更加高尚，更加优渥，那么，他们在战争中的损失就更大，因此，他们会更加谨慎地为战争充分做好准备……

一般说来，高度的文化和军事实力是齐头并进的，希腊和罗马的例子就是明证。不过，我们决不能提出英国这样的例外，他们的军事制度与国家在其他方面的发展不成比例。英国受到海洋保护，因而只从事殖民地战争。这样的战争中，金钱发挥了主要作用。可以说金钱是英国手中最犀利的武器。除此之外，他们还有一支其他帝国无法匹敌的舰队。可是，尽管英国所处的位置占有种种优势，但他们很快发现，必须跟上时代的步伐，加强陆军的编组，否则，他们在欧洲大陆的权力和影响力就会逐渐下降。

但是，由于军事制度与国家和政治生活相融合，与结果相比，对牺牲的要求降低了，所以，不管表面看上去如何，战争确实利用文明的进步变得更加人道了。征服敌人，用不着毁灭对方，只要粉碎他们获胜的希望即可。

为鼓舞士气，我们也许会说"战斗到最后一兵一卒"，这不过是个强有力的比喻，用于表达英勇奋战的决心而已。要是一支军队战前宣誓，要战斗到损失 20%，听上去未免有些奇怪；实际上，就连损失 20% 也太多了。一般说来，交战一方的损失达到这个比例的一半，就足以决定胜负了。部分力量遭歼灭会吓阻剩余力量继续从事战斗，从而结束斗争。武器的效力越是惊人，越是猛烈，就越早产生震慑效果。因此，随着破坏手段逐渐完善，战斗的惨烈程度会相应降低。

库特之围

Siege of Kut

◁ 英军在库特的总部

在巴格达以南 160 公里的库特镇，4.5 万英国军队被 3.3 万奥斯曼军队包围，围困从 1915 年 12 月持续到 1916 年 4 月。期间，前来救援的英军三次试图从外面解围，但都作战失败。英军又试图用钱赎回他们的军队，派去谈判的军官团中包括 T. E. 劳伦斯（即"阿拉伯的劳伦斯"）。英国开价 200 万英镑，并承诺不再与奥斯曼人作战，以换取汤曾德的军队。谈判最终破裂。4 月 29 日守军投降，城中的幸存者被押往阿勒颇监禁，许多人在监禁期间死亡。

《作战原则》

The Principles of War

"世界上最强大的武器
是不灭的人的灵魂。"

Duc de Villars

◁ 维拉尔

克洛德·路易·赫克托尔·德·维拉尔,法王路易十四
时期的杰出将领,在西班牙王位继承战争中取得过
大胜。亚森特·里戈(Hyacinthe Rigaud,1659—
1743)绘于1704年,收藏于沃勒维孔特城堡。

内容提要
★ ★ ★

由福熙早年在军事学院授课的讲稿与德方详细的会战研析资料汇编而成,反映出法国的进攻思想。书中论述了关于战争的教学、现代战争的基本特征、军队的经济、先遣部队、战略安全、决定性的攻击、现代战争等方面的内容。

◁ 福煦元帅肖像

费迪南·福煦出生于1851年，1870年加入法国陆军，主要从事驻军勤务和参谋工作。1895年，他在高等军事学院担任军事史讲师，1908年任校长。福煦的进攻意识和对德国军事思想的认识，给法国政府留下深刻的印象，1913年被派去指挥法德边境地区一个精锐军。

第一次世界大战爆发后，法军初期遭遇挫败，福煦随后在洛林成功发动反攻，很快出任集团军司令。次年，联军损失惨重，尽管福煦指挥的作战行动受到批评，但还是晋升为北方集团军群司令。1917年，贝当出任法军总司令，福煦接替他担任总参谋长。德军1918年发动最后一场攻势后，福煦出任联军总司令，美国军队此时已加入联军，福煦随后发起最终的攻势。

福煦为后期作战行动和和平协议发挥的作用，继续成为广泛争议的话题。后来他晋升元帅，1929年去世。

摘录
★ ★ ★

我们不能从蒂雷纳、孔代、欧根亲王、维拉尔或腓特烈大帝那里漠不关心地汲取灵感，更别提上个世纪摇摆不定的理论和退化的形式了。这些学说，哪怕是最杰出的部分，也只适应当时的情况和需要，已无法为我们所用。

我们的范例和作为理论基础的事实，必须在历史的某些特定页面寻找，也就是整个国家武装起来捍卫自己最珍贵的利益——"独立和自由"的法国大革命时期，以及有史以来最伟大的军事天才掌握并领导在剧烈的危机下应运而生的军队，从而创造出的我们无与伦比的军事艺术杰作，帝国时期。

此后，没有哪种战略能胜过旨在确保战术成果的战略，也就是通过战斗赢得胜利。我们之所以遵循一项产生诸多博学理论的研究，目的就是要找到一种战略，为战术决策铺平道路。

75

20 世纪

什么样的丧钟，为那些像牛羊般死去的人响起？
只有火炮吓人的怒气。
只有步枪断断续续，急促的嘎嘎声
能念出他们仓促的悼词。
没人嘲笑他们了；没有祈祷，没有钟声；
除了唱诗班，没有任何哀悼声，
尖啸的炮弹就是凄厉疯狂的合唱；
悲伤郡传来的号角声呼唤着他们。

——威尔弗雷德·欧文《青春挽歌》

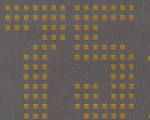

《战争的转变》
Transformation of War

**内容
提要**

★★★

作者从战斗、交战和战役三个层级探讨了战争的演变，研究例子涵盖了古代战争、拿破仑战争、美国内战、"一战"。1911 年在巴黎出版。1914 年时，有一个英译本书名为《法国与下一次战争》。作者还在书中提出一个观点：公众舆论的分量越来越重，本质上修改了交战方可以向自己提出的战争目标。

摘录

★★★

战争的基本行为是战斗，而战斗中，精神力量的作用最大，效果也最突出。我们不必过于执着地重复这一点。但无论我们就精神力量写点什么，都无法把它赋予没有这种力量的人。我们也可以长篇累牍地撰写决心、热情、冷静以及领导者应该具备的一切品质所能发挥的作用，但这样做没有太大益处……

进攻在战斗中的优势显而易见：可以瓦解敌人，打乱对方的计划和组合；从某种程度上说，进攻方把自己的措施和意志强加给对方。但拿破仑的对手中，实施防御者遭受挫败的程度，小于那些大胆采用以攻对攻的人。莫斯科和滑铁卢战役就是这方面的例子。实际上，战争法则并非对所有人一成不变。最重要的是，为将者采取的行动应该与自己的能力相称，相关计划必须是他觉得自己能在危险、意外、摩擦、各种不测下仍能有条不紊地实施……

可是，威灵顿在西班牙抗击苏尔特、马塞纳这些将领，他的防御 - 进攻形式非常成功。这让我们得出结论，解决方案会多种多样，尽管我们认为结合翼进攻的进攻形式更加有利，但我们不能断然否定正面进攻或防御作战。重要的是正确判断自己和对手的价值。

让·科兰出生于 1864 年，加入法国陆军后，很快担任高等军事学院讲师。他的授课和历史研究，涉及对拿破仑和进攻学派的批判评价，引发了很大争议。第一次世界大战爆发后，科兰被擢升为准将，1917 年阵亡。科兰是法国正统"拿破仑学派"的主要批评者。他还翻译了克劳塞维茨的《1796 年的意大利战争》。

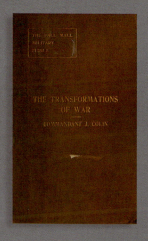

△ 1912年英译本

△ 1937年法文版封面

△ 1914年英译本

书名改为了《法国与下一次战争：法国人对现代战争的看法》。

◆ ◆ ◆ ◆

让人担心的不仅仅是政府的干涉，最要命的是民众的干预。这种干预源于轻率的激情，因而通常是不合理的，会促成不合时宜的战斗，导致可耻的投降。

各大都市无数狂热的民众驱使军队走向毁灭，最重要的是，正是他们的名义让军队步入毁灭。他们的名义迫使拿破仑三世率领 24 万将士在边境对抗 50 万敌军，还迫使麦克马洪跌入深渊。

虽说民众并不总是促成此类灾难性行动，但他们总是夸大首都的重要性。有时候（例如 1870 年到 1871 年），保卫首都成为积极作战的目标，分散了将领的注意力，他们本该只关心一件事——在战场上赢得胜利；有时候，民意迫使他们在首都门前决一死战，而不是推迟决战。

政治当局的职责绝非煽动或利用民众，应该安抚民心。战争一旦爆发，就该把指挥权交给为将者，举国信赖他，赋予他自主行事权。

"最重要的是，为将者采取的行动应该与自己的能力相称，相关计划必须是他觉得自己能在危险、意外、摩擦、各种不测下仍能有条不紊地实施……"

鲁登道夫

1865—1937

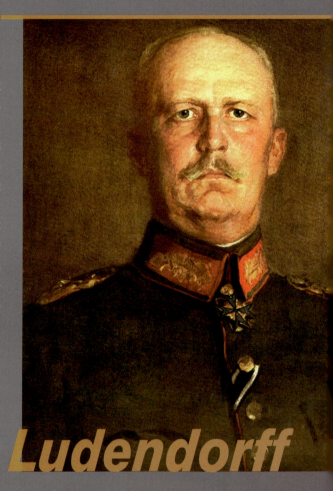

埃里希·鲁登道夫出生于 1865 年，早年在德国陆军担任步兵军官，1894 年调入总参谋部工作，主要关注入侵法国和比利时时的作战方案。1912 年到 1914 年，鲁登道夫担任步兵旅旅长，第一次世界大战爆发后，他率部攻克比利时的列日要塞，随后赶赴东线，担任兴登堡的参谋长。鲁登道夫实际掌管一切，大破俄军，赢得坦能堡会战的胜利。

1916 年，兴登堡出任总参谋长，成为名义上的军事统帅，鲁登道夫在西线采取防御策略，部分改善了德军的态势。他开始在政治事务上发挥越来越重要的作用，操纵国内新总理的人选，与革命后的俄国人签订了《布列斯特－立托夫斯克条约》。他赞助列宁从瑞士回国，还支持无限制潜艇战。

德军在西线的最后一场攻势失败，再加上奥斯曼土耳其崩溃，鲁登道夫主张德国立即投降，随后因为抨击新政府而遭罢黜。

1919 年，鲁登道夫从瑞典返回德国，成为一场新的国家主义和种族主义运动的领导人。他支持希特勒 1923 年的政变企图，以国家社会党员的身份当选国会议员，后来还想竞选总统。鲁登道夫 1937 年去世。

Ludendorff

《总体战》
The Nation at War

内容提要
★★★

鲁登道夫提出总体战理论的根据是第一次世界大战的经验教训和20世纪初工业生产、科学技术和武器装备发展水平。全书论述了七个方面：总体战的本质、民族的精神团结是总体战的基础、经济与总体战、国防军的兵力及其内涵、国防军的编成及其使用、总体战的实施、统帅。

坦能堡会战

Tannen-berg

1914 年 8 月 26 日至 30 日，即第一次世界大战开战后的第一个月，在俄国和德国之间进行。德国第八集团军凭借铁路运输，快速转移兵力，使他们依次集中力量对付两支俄国军队，先拖住俄国第一军，然后摧毁第二军，几天后再转向第一军。这场战役还值得一提的是，俄国人没有对他们的无线电信息进行编码，明码广播他们的日常行军命令，德国人在确信自己不会被包抄的情况下才采取了上述行动。这次战役导致俄国第二军几乎全军覆没，其指挥官亚历山大·萨姆索诺夫自杀。这场战役实际上发生在阿伦施泰因（今奥尔什丁）附近，但兴登堡以战场西边 30 公里的坦能堡命名，以报 500 年前条顿骑士团在第一次坦能堡战役中失败之仇。

◁ **1914年开往前线的俄军部队**

摘录

★ ★ ★

总体战的本质需要民族的总体力量，因为总体战的目标针对的是整个民族。

受到不容更改的既成事实影响，战争本质已发生变化。因此，政治的任务范围也应该扩大，政治本身也必然发生变化，它必须像总体战那样，具备总体的特性。为发挥一个民族在总体战中的最大力量，政治必须提出维护民族生存的理论，而且要对人民为求生存在各个生活领域（当然也包括精神领域）的需求，给予足够的重视。

战争对一个民族的生存是最大的负担。因此，总体政治必须在平时就为战时民族生存的斗争做好充分准备，加强这种斗争的基础，让它坚如磐石，稳如泰山，不会在战争的严峻时刻发生动摇，出现裂痕或被敌人摧毁。

战争的本质发生变化，政治的本质发生变化，政治与战争的关系必然随之发生变化。必须推翻克劳塞维茨的全部理论。战争和政治服务于民族的生存，但战争是民族生存意志的最高体现。因此，政治应当为作战服务。

1914 年 8 月，德国首相冯·贝特曼·霍尔韦格向俄、法两国宣战，这是个多灾多难的宣战，人们对此记忆犹新。宣战书里的某些词句被敌人用作宣传工具，激励了敌国人民的精神，却削弱了我国人民的精神力量……世界大战中，德军在西线实施进攻，德国人民就认为是我们发动了进攻战，也就是侵略战争，于是人民为民族生存而战的意志受到极大削弱。如果我们不想被人置于死地的话，被迫实施的防御战就必须以进攻的方式来进行。人民对这个道理缺乏理解，而我们在此方面也缺少军事教育。

[摘自戴耀先的译本（《总体战》，解放军出版社，2005 年）]

"战争对一个民族
的生存是最大的
负担。"

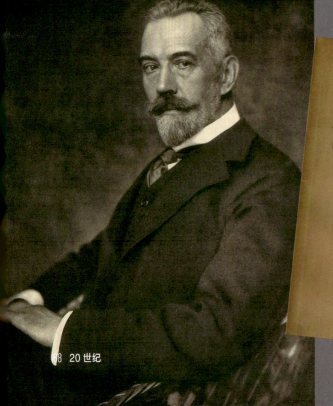

◁ 冯·贝特曼·霍尔韦格

E. 比贝尔拍摄于1913年。

General Ludendorff
Der totale Krieg

▷ 兴登堡（左）
与鲁登道夫

拍摄于1916年。

◁ 1935年德文版

丘吉尔
1874—1965

Churchill

温斯顿·丘吉尔 1874 年出生于英国布伦海姆宫，是伟大的马尔伯勒公爵的后裔，母亲是美国人。丘吉尔 1895 年自皇家军事学院毕业后加入骑兵团，据说同年参加了古巴独立战争。他后来曾去印度服役，还曾跟随尼罗河远征军参加了恩图曼战役和南非的布尔战争。后进入政界，先后担任各种职务，最终在第二次世界大战期间任英国首相（1940 年至 1945 年）。1951 年，丘吉尔再次当选首相，1955 年辞去职务，但继续留在议会并从事写作，1965 年去世。

《怒吼的雄狮》

卡什（Karsh）摄于1941年。

《河上的战争》

The River War

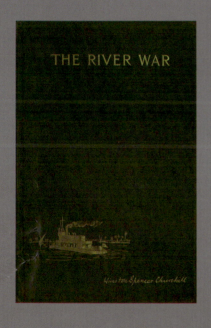

◁ 首版第2卷的封面

"胜利——不惜一切代价去争取胜利，无论多么恐怖也要去争取胜利；无论道路多么遥远和艰难，也要去争取胜利；因为没有胜利，就不能生存。"

内容提要 ★★★

本书讲述了基钦纳勋爵领导英埃部队在 1896 年至 1899 年间征服苏丹的历史，包括丘吉尔在战争期间作为英国陆军军官的亲身经历，以及他对战争行为的看法。1899 年出版的第一版为两卷，后来在 1902 年删节为一卷。

摘录

★ ★ ★

（英国对苏丹的战争，1898 年在恩图曼以对方的领袖哈里发大败亏输而告终。作者在那里经历了这场经常被称为"史上最后一次骑兵冲锋"的战役。）

山顶就在半英里开外，那里没有敌人据守。索加姆山的岩石挡住视线，也遮掩了集中在黑旗周围的庞大预备队。但向南，我们与恩图曼之间，整片平原暴露在外。小股德尔维希人随处可见，十人一组或二十人一群，或骑马或步行，四处游荡。3 英里外，难民、伤员、哈里发军队逃兵组成的人潮涌向城市。眼前的景象足以激发骑兵最凶猛的本能。阻挡这场光荣追击的，似乎只有散布在平原上的小股敌军。

通信军官用日光反射信号器告知总司令，山脊无人据守，发现数千名德尔维希人正逃入恩图曼。等待回复时，我们向北张望，掠过第一次进攻受阻的荆棘栅栏前方，看见一道灰白色的模糊景象，可能有 1 英里长。举起望远镜，终于看清了情况，几百具小小的白色尸体堆积或散落在那里；几十名伤兵单脚跳跃，或爬行，或步履蹒跚地离开战场；几匹马呆呆地伫立在尸体间；几个没负伤的人正设法拖走他们的战友。就在这时，荆棘栅栏处的日光反射信号器以断断续续的闪光发来回复，看似随意，可实际命令非常重要。信号指示："前进，肃清左翼，尽一切努力阻止敌人返回恩图曼！"很简短，但足够了。

不过，敌人这段时间一直在忙碌。战役刚刚打响，哈里发就在他的最右翼部署了一支 700 人的小股力量，以防通往恩图曼的后撤路线受到滋扰。这股力量完全由奥斯曼·迪格纳旗下的哈丹达瓦部落成员组成，由迪格纳手下一名埃米尔指挥，他在浅谷里选了处合适的阵地。第 21 枪骑兵团刚刚离开荆棘栅栏，索加姆山顶上的德尔维希侦察兵就把消息告知哈里发。听说英国骑兵马上要遮断他与恩图曼间的交通，阿布

Winston.

1898年的丘吉尔

一张在影棚里拍摄的照片。他身穿热带制服，头戴木髓帽（pith helmet），佩剑。

摘录

★★★

杜拉因而决心加强自己的最右翼；他立即下令，从黑旗周围和埃米尔易卜拉欣·哈利勒麾下抽调 4 个团，每个团 500 来人，加强浅谷里的哈丹达瓦部落。

我们排成密集队形前进了 300 码左右，一股股分散的德尔维希人退却后消失了，只有些身着深蓝色衣服的人，排成凌乱的防线，一动不动地待在左前方四分之一英里处。他们不过 100 来人。第 21 枪骑兵团各中队排成纵队，继续前进到距离这群德尔维希人不到 300 码处。四下里一片寂静，先前的骚动强化了这一点。这排深蓝色德尔维希人身后很远处，涌入恩图曼的溃兵清晰可辨。这些为数不多的忠诚战士，能挡住一个团吗？

不过，更明智的做法是，以一个中队发起进攻前，先从另一侧试探他们的阵地。几名中队长慢慢转向左侧，枪骑兵加快速度小跑起来，以纵队的形式越过德尔维希人的正面。于是，那些蓝衣人不约而同地单膝跪地，手里的火枪发出噼里啪啦的巨响。这种距离几乎不可能错失目标。马匹和人员随即倒地。唯一的行动方式显而易见，所有人都对此深表欢迎。上校比他的团更靠近敌人，已看清这股散兵身后的情况。所有人听见他"向右转动排成横列"的命令。军号突然吹出尖锐的音调，但马蹄声和步枪射击声中，号声只是隐约可辨。一眨眼的工夫，16 个骑兵连掉转方向，排成一条长长的驰骋线，第 21 枪骑兵团投入这场战争中的首次冲锋。

250 码外，蓝衣人猛烈射击，腾起一股薄薄的淡蓝色硝烟。他们射出的子弹击中坚硬的砾石后弹入空中，一个个骑兵连俯身向前，以头上的钢盔抵御纷飞的碎石，看上去就像滑铁卢战役中的胸甲骑兵。他们的速度很快，与敌人的距离也很近，可没等他们冲过半数路程，整件事发生了变化。看上去一片平坦的地面，突然出现一道深深的褶皱，这是条干河谷；干谷里骤然冒出密密麻麻的白衣人，简直就像一出哑剧，他们发出高亢的喊声，排列的队形，正面宽度与我们相当，纵深是我们的 12 倍。20 名骑兵和 10 来面鲜艳的旗帜，像变魔术似的冒了出来。急切的战士冲上前去，应对骑兵的冲击，其他人牢牢守在原地，做好了应战的准备。面对这股突如其来的敌人，枪骑兵只是加快了速度，每个人都希望以足够的冲击势头冲破对方坚实的防线。两翼部队向内卷击，看上去就像新月的两个弯角。但整起事件不过是几秒钟的事。步兵英勇射击到最后一颗子弹，被骑兵卷入浅谷，全速驰骋的骑兵排成最密集的队形，和他们一同跃入浅谷，一个个英军骑兵中队怒吼着，猛烈冲击敌人勇猛的步兵旅。

这场碰撞相当惊人。枪骑兵折损近 30 骑人马，阿拉伯人至少损失了 200 人。交战双方都对这场冲击震惊不已，可能有 10 秒钟左右，没人注意敌人的情况。受惊的战马挤入人群，双方的战士伤痕累累，惊惧不安，他们一群群倒在地上，挣扎着，摇摇晃晃地想站起来，喘着粗气四下张望。几名倒下的枪骑兵甚至有时间重新上马。与此同时，骑兵的冲击力裹挟着他们继续前进。

坚定顽强的步兵很少与同样坚定顽强的骑兵发生遭遇战。步兵要么在惊慌逃窜中被斩尽杀绝，要么保持镇定，以火枪消灭袭来的骑兵。这一次，两堵肉墙居然撞在一起。德尔维希人英勇奋战，试图砍断马腿的肌腱，火枪不停地射击，直到枪口抵住对手的身躯。他们还砍断缰绳和马镫带。他们极为灵巧地投掷长矛。他们冷静而又果断，

◁ **哈里发亲卫部队的旗帜**
　　缴获自恩图曼战场。收藏于
皇家格林威治博物馆。

使用了他们曾在战争中用过的各种武器，很熟悉骑兵；另外，他们还挥舞着锋利的重剑。浅谷另一侧的白刃战持续了 1 分钟左右。然后，战马再次迈开脚步，步伐越来越快，枪骑兵摆脱了他们的对手。这场冲撞没过 2 分钟，活着的枪骑兵已脱离大股德尔维希人。倒下的骑兵遭到利刃砍杀，直到他们不再颤抖。

　　200 码外，全团停下集结，掉转方向。没过 5 分钟，他们已重新列队，做好了发起第二次冲锋的准备。

　　这些战士，迫不及待地想从敌人的队列杀开血路返回。骑兵团和德尔维希步兵旅都是孤军奋战。山脊犹如一道帷幕，把我们与主力隔开。所有人都忘了主力交战，因为根本看不到。这是场私斗。山脊另一面的战事可能是场屠杀，但这里的战斗旗鼓相当，因为我们也使用刀剑和长矛。的确，对方占有地形和兵力优势。所有人都做好了与敌人一决雌雄的准备。但部分骑兵军官开始意识到，我们为迅猛冲击付出的代价太大了。失去骑手的战马在平原上驰骋。骑兵紧紧扶住马鞍，无助地跟随马匹四处游荡，身上沾满可能是从十几处伤口流出的鲜血。一匹匹战马，巨大的伤口也流出汩汩鲜血，带着骑兵踉跄而行。120 秒内，不到 400 名骑兵就伤亡了 5 名军官、65 名骑兵、119 匹战马。

　　德尔维希人迅速重整被骑兵冲锋攻破的防线。他们收拢队形，振作精神，以坚定不移的勇气做好再次应对冲击的准备。但从军事角度考虑，最好先把他们赶出浅谷，从而剥夺对方的地形优势。枪骑兵团再次列队，三个中队排成横列，第四个中队排成纵列转向右侧，迅速越过德尔维希人的翼侧，下马后以弹匣式马枪射出猛烈的火力。受到这场火力攻势的压迫，敌人变更正面，迎击新的进攻，这样一来，双方都与自己原先的战线形成直角。德尔维希人的正面完成变更后，朝下马的枪骑兵逼近。但袭来的火力相当准确，另外，骑兵冲锋造成的精神影响也不容小觑，总之，英勇的敌人终于动摇了。不管实情如何，事实是他们井然有序地迅速撤往索加姆山，哈里发的黑旗仍在那里飘扬。第 21 枪骑兵团控制了战场，以及他们的阵亡者。

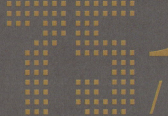

《一名非传统军人的
回忆录》

*Memoirs of an
Unconventional Soldier*

"战争的目的并不是杀戮和破坏，而是迫
使破坏者改变初衷。"

**内容
提要**
★★★

富勒这部回忆录不涉及私人生活，主要谈了第一次世界大战中他作为
坦克部队总参谋长的工作，大量引用了他在 1917 年和 1918 年写
的关于坦克战战术、组织等方面的论文。这里面还收录了"1919 年计划"，
这份计划可能是关于"闪电战"的第一个军事构想。本书于 1936 年出版。

Fuller

约翰·弗雷德里克·查尔斯·富勒出生于 1878 年，他在皇家军事学院只学习了一年，就于 1898 年加入牛津郡步兵团。他经历了布尔战争，直到 1902 年才调到印度服役，他在那里对瑜伽哲学深感兴趣，还为此写了本专著。返回英国后，富勒写了几本关于步兵训练的小册子。第一次世界大战爆发后，他作为参谋赶赴西线，加入机枪部队重装分部，也就是初期的坦克部队。1916 年，富勒出任坦克部队参谋长，策划了 1917 年在康布雷发起坦克突袭的方案，这是历史上的首次装甲战。富勒很快返回英国，协助帝国总参谋部把坦克部队的实力扩充了一倍。

1922 年，富勒出任参谋学院总教官，1926 年担任帝国总参谋长的军事助理。他后来奉命指挥一支装甲实验部队，但没能成功。富勒当了几任步兵旅旅长后，1930 年以少将军衔提前退役。

1936 年后，他继续撰写了许多关于军事历史和军事科学的著作，1966 年去世。

▷ 富勒肖像

▽ "一战"时期牛津&白金汉郡轻步兵团帽徽

布尔战争期间，富勒在牛津郡轻步兵团服役。1908 年，该团改组为牛津&白金汉郡轻步兵团。

△ "一战"时期皇家坦克团帽徽

皇家坦克团（RTR）是世界上最古老的坦克部队，由英国陆军在 1916 年组建，成立初期被称为坦克部队，由富勒任参谋长。

摘录

★ ★ ★

这个概念虽然发展缓慢，但我们 3 月份溃败期间，它突然闪过我的脑海。我当时看到的情形是什么呢？我们数以万计的官兵被惊慌失措的指挥部调回。我看见集团军司令部在转移，然后是军部，接下来是师部，最后是旅部。我还看见意志与行动间的密切关系，缺乏意志，作战行动就会丧失一切协调；没有积极的、发挥指导作用的大脑，军队就会沦为一群乌合之众。然后我意识到，要是能合理规划这个概念的话（我的意思是把它从混乱中剥离，加以科学的消化），就能发展出一种新战术，从而以一支规模相对较小的坦克部队，再次遂行伊苏斯和阿尔贝拉那样的战役。那些战役的秘诀是什么？就是亚历山大的方阵紧紧牵制敌军主力时，他和他的伙友骑兵猛烈打击敌人的意志，重点集中于大流士本人。对方的意志一旦瓦解，躯体也就瘫痪了。

5 月 24 日，我在"1919 年计划"里详细阐述了这个概念，和我的许多战术论文一样，"1919 年计划"也是部中短篇军事小说。我在这里逐字逐句地照原文写下，只有几处稍事简缩，还修改了当时仓促的语法。我后来以更加简洁的笔法重写了这份计划，但我觉得在这里引用第一个版本更真诚些，因为这是亨利·威尔逊爵士、哈灵顿将军、丘吉尔先生和另一些人当时考虑过的版本。这份计划的具体内容如下。

1. 坦克对战术的影响

战术，或者说是移动战场上武装人员的艺术，根据使用的武器和运输工具不同而变化。每种新式或改进过的武器和运动方式，都要求对战争艺术做出相应的修改，今天，坦克的问世让战争艺术在以下几个方面发生了彻底的革命：

▽ **改进版中型D式坦克**

中型D式坦克开发于第一次世界大战末期，打算用于"1919计划"。1918年战争结束，故它没有经过实战检验。

（1）坦克以机械动力取代了肌肉，增加了机动性；

（2）坦克以装甲板遮挡子弹，增加了防护性；

（3）坦克让士兵不必携带武器，马匹不必拖曳武器，缓解了他们的重负，从而增强了攻击力，另外，坦克还凭借携带更多弹药，大幅度加强了破坏力。

因此，汽油能在某个时间段让一支军队更大地发挥武器的效力，自身遭受的损失也小于凭借肌肉力量的军队。动态情况下为人员提供保护的同时，也能让他们在静态状况下战斗。因此，坦克相当于把海军战术与陆军战术叠加，也就是说，它能让士兵在装有固定盾牌的移动平台掩护下发射他们的武器。

2．坦克对战略的影响

战略与交通紧密相关，迄今为止，与公路、铁路、河流、运河密不可分。今天，由汽油驱动，具备越野性能的汽车、坦克、牵引车的问世，大幅度扩大了交通地区，至少达到战区的 75%，远远超出我们目前所知的交通区。今天，不用考虑道路状况，也没有驮畜耐力的限制因素，维持补给或在开阔地前运武器弹药的可能性，给战争的历史带来了全新的问题。现在谁能掌握这种变化（即陆地变得和海洋一样易于穿越）的全部意义，他就能近乎无限地增加获胜的机会。如果能加速运动，而且以破坏对手的速度为代价实现加速，那么，战争的每条原则都变得易于应用。今天，以一支越野机械化运动的军队对付依靠公路、铁路、肌肉力量的敌人，就像以一支现代化战舰组成的舰队去打击三层甲板的风帆战舰构成的舰队。这种交战的结果毋庸置疑，后者肯

▽ 德军在康布雷缴获
一辆英军坦克

康布雷镇是德军齐格菲防线（英国人称之为兴登堡防线）的一个重要补给中心，攻占该镇和附近的布隆山脊将从北面威胁德军防线的后方。英军在此战中使用的坦克主要是Ⅳ型坦克。战役首日，英军大胜，然而次日，机械的不可靠、德军炮兵和步兵的防御便让只有大约一半的坦克可以使用。

定会被歼灭，实现机械化最高形式的一方必然获胜，因为他们能节约时间，而时间是战争的主导因素。

3. 当前的坦克战术理论

到目前为止，坦克战术应用的理论基础，一直是设法协调坦克的威力和现有的战斗方式，也就是说，与步兵和炮兵的战术相协调。实际上，给从事战争的方式带来一场革命的坦克概念，已嫁接到它注定要摧毁的体系上，而不是赋予它按照自己的路线自由发展的空间。这种情况无法避免，因为坦克的概念过于新奇，许多人既不了解这种武器，也不知道该如何使用它。

知识最好通过实践经验获得，这种经验起初很难获得，除非把新的理念嫁接到旧的战争体系上。但我们决不能忘记，坦克与昔日的武器完全不同，就像披甲骑士不同于过去的无甲胄步兵，如果坦克的性能得到完美改进，数量大幅度增加的话，那么，最终就要求我们彻底改变从事交战的战术理论。

这种理论依据的各种事实，目前都在迅速改变，除非我们的理论也随之改变，否则就无法充分发挥新式武器的威力，也就是在不受轻武器火力危害的情况下，朝各个方向迅速运动的可能性。

我们由此推断出一个至关重要的事实，在坦克能运动的一切地形上，以目前的装备来看，步兵首先会降为附属兵种，最后沦为毫无用处的兵种。仅凭这个事实就彻底改变了我们目前的战争构想，带来战术方面的新时期。

4. 战略目标

无论使用什么兵种，战略原则是不变的，武器的变化只是影响到这些原则的应用而已。首先，战略原则是"目标原则"，而目标是"破坏敌人的战斗力量"。这个目标可通过多种方式来实现，通常是歼灭敌人的野战军队，也就是他们的战斗兵员。

现在，一群士兵的潜在战斗力在于他们的组织机构，因此，如果我们破坏这个组织机构，就能消灭他们的战斗力量，从而实现我们的目标。

破坏敌人的组织机构有两种方式：

（1）消耗对方（耗尽他们的实力）；

（2）让它不起作用（扰乱对方）。

战争中，第一种方式包括毙伤、俘虏敌军士兵和解除对方的武装，也就是躯体战；第二种方式是让敌人的指挥力失效，也就是脑力战。以人体为例，第一种方式好比一连串轻伤最终导致人失血过多而死，第二种方式相当于一枪射穿人的脑袋。

军队的大脑就是指挥部：集团军司令部，军部，师部。要是我们突然在德军战线的广阔地域打掉这些指挥部，哪怕我们只对这些指挥部控制的军队施以轻微的打击，敌军的崩溃也不过是几小时的事。就算我们不对敌军发起打击，只要朝脑袋开上一枪，再朝对方的腹部补上第二枪，也就是扰乱敌军防线后方的补给体系，那么，敌军官兵就会饿死或土崩瓦解。

我们现在的理论是基于目前作战范围有限的武器，一直依靠蛮力达成我们的战略目标，也就是消耗敌人的肌肉、骨骼、血液。要以坦克实现这一点，就需要数千辆战车，可我们到明年获得所需战车数量的可能性微乎其微；因此，我们要另觅他途，永远要记住，战争史上可能从来不缺解决之道，这些解决之道，有些人从未想过，但另一些人却频频加以考虑。所以，最大的困难不在于解决之道本身，而是通过现有办法获得既得利益者是否愿意采纳。

鉴于我们现行的理论是消灭敌军"人员"，那么，我们的新理论应该是摧毁对方的"指挥机构"，不是在敌军人员土崩瓦解后，而是在敌军遭受攻击前就打掉他们的指挥机构，这样一来，他们遭到攻击就会陷入彻底混乱的状态。在这方面，我们要最大限度地应用突袭原则——作战行动的新奇性，出敌不意，即便突然性已司空见惯，对方也无法重建安全防御。

5. 建议的解决之道

为了让任何指定战线上的德军指挥机构失效，需要做些什么呢？

▽ **在肯特阿什福德展出的 IV型坦克（雌性）**

前面的白红白条纹是英国的识别标志，"二战"早期英国的坦克也带有这种标志。

摘录

★ ★ ★

从德军前线到他们 9 个集团军司令部的平均距离是 18 英里，与 3 个集团军群司令部相距 45 英里，与他们的西线总司令部相距 100 英里。为便于说明情况，我们可以肯定，18 英里地带或地域内，肯定有他们的集团军司令部、军部、师部。

到达这些指挥部前，我们必须跨越对方精心构设的堑壕和铁丝网体系，这些防御体系获得了各种已知类型的轻重武器防护。

这道抵抗带可看作是保护他们指挥系统的盾牌，要想突破或避开，我们建议采用两种武器：

（1）飞机；

（2）坦克。

第一种武器能克服一切障碍，第二种武器能穿越大部分障碍。

使用第一种武器的难度很大，就算我们能在敌人各个指挥部附近找到着陆场，一旦机载士兵登陆，他们的武器装备也比遭遇的敌人强不到哪里去；实际上，他们也许会像下马的骑兵那样，遇到对方的步兵。

第二种武器的困难只是相对的。我们目前还没有能圆满完成这种任务的坦克，可如果我们投入 9 个月时间，致力于设计和生产，就没理由认为无法获得满足要求的坦克。这种坦克的构想是存在的，许多聪明人早就考虑过，他们称之为"中型 D 式坦克"，其技术参数如下：

（1）最大时速 20 英里；

（2）作战距离 150 ～ 200 英里；

（3）能跨越 13 ～ 14 英尺的地隙；

（4）分量较轻，能穿越普通道路和河流、运河上的桥梁。

6.中型 D 式坦克的战术

中型 D 式坦克的战术，建立在运动和出敌不意这两项原则的基础上，战术目标是以运动加强突然性，与其说是借助速度，倒不如说是通过制造出敌不意的情况来实现这一点。我们决不能做敌人预料我们会做的事情，相反，我们必须误导对方，也就是以我们的头脑控制敌人的头脑。我们必须让对方认为我们可能会采取某些行动，然后，需要投入战斗时，我们必须采取与准备期间透露出的情况截然相反的行动。

我们过去的做法是，把人员和火炮集中在某个特定地带，敌人也如法炮制，把防御加强到我们无力突破的程度，从而挫败我方的进攻，就算我们勉强突破，也会因为实力严重受损而无法拓展初期取得的胜利。康布雷战役中，虽然我们摒弃了常规打法，可还是没能充分利用我们的打击，因为达成突破的力量不足，充其量只能给敌人造成局部混乱。敌军主力不在第一线，而是部署在第一线后方；我们没能创造有利条件，一举打垮敌预备队。预备力量堪称赢得胜利的资本。

IV Tank

IV型坦克内部

劳伦斯
1888—1935

Lawrence

托马斯·爱德华·劳伦斯，1888 年出生于威尔士。他从牛津大学毕业，获得现代史学位后，在中东从事考古工作。第一次世界大战爆发，英国对土耳其宣战，劳伦斯在开罗加入军方情报机构。1916 年，他奉命前往汉志地区执行任务，阿拉伯人在那里发动了反抗土耳其人的起义。

劳伦斯加入阿拉伯领导人费萨尔（劳伦斯选中了他，费萨尔后来成为伊拉克的统治者）的指挥部，负责英国为阿拉伯起义提供的支援，还在战略方面指导作战行动。1918 年，劳伦斯率领费萨尔的部下攻占大马士革，很大程度上导致奥斯曼帝国土崩瓦解。劳伦斯还创造了一个传奇。他参加了 1919 年的巴黎和会，为阿拉伯人的利益大声疾呼，但会议结果让他心灰意冷。之后，劳伦斯致力于撰写《智慧七柱》一书。

第一次世界大战期间，劳伦斯晋升上校，后来又获得高级职位，但他 1922 年加入新组建的皇家空军当了普通士兵。后来转入坦克部队，之后又返回空军，以普通士兵的身份干到 1935 年退役。他致力于汽艇的研发工作，同年因摩托车事故丧生。

劳伦斯描述空军生活的遗著《铸币厂》，1955 年出版。

《起义的演变》

The Evolution of a Revolt

"然而当我们达成目标、新世界已具雏形时，老一辈的人又站出来，夺走我们的胜利，将这新世界重塑成他们所熟知的旧模样。"

内容提要

★ ★ ★

文章篇幅很短，最初发表在 1920 年《军队季刊》上，简明扼要地论述了游击战背后的理论。其中的分析和结论在《智慧七柱》中得到进一步阐述。

△ 劳伦斯骑着一辆布拉夫摩托车（Brough Superior）

他共有8辆布拉夫摩托，第八辆是预订的，还没交付他就去世了。

摘录

★ ★ ★

我个人的职责是指挥，我开始从战略、战争目的、以整体标准看待一切的综合角度，也从战术角度（战术是达成战略目的的手段和阶梯）弄清并分析指挥工作。

我在每个方面都发现相同的因素，一个是代数的，另一个是生物的，第三个是心理的。第一个因素似乎是一门纯粹的科学，遵从各种数学定律，不涉及人性。它关乎各种已知的常数、各种固定条件、空间和时间，以及山丘、气候、铁路这些无机物，也涉及人类类型，但就个体差异而言，人群过于庞大了，还涉及一切人工辅助设备，以及机械发明给我们的能力提供的扩展。这个因素基本上可以用公式来表述……

第二个因素是生物的，强度极限是生死，稍好些也是耗损。用生态学称呼这个因素似乎是个不错的名字。……

战术的十分之九是确定的，是书本上讲授的，但另外十分之一是不合常理的，就像掠过池塘的翠鸟，也是对为将者的考验。它只能靠为将者的本能去寻求，还要在一次次战斗中通过思想实践加以磨砺，从而在危机发生时，犹如条件反射般发挥作用……

指挥方面的第三个因素似乎是心理的，也是门科学（色诺芬称之为素质）……印刷机堪称现代指挥官军械库里最强大的武器，而我们作为指挥艺术的业余爱好者，在20世纪的氛围下从事战争，应当不带偏见，不分彼此地看待我们的各种武器。正规军官的身后，是四十代人从军服役的传统，在他看来，使用旧式武器最光荣。我们很少关心部下做了什么，更在乎他们在想什么，我们认为"素质"抵得上半道以上的命令。欧洲把这个问题置之一旁，交给总参谋部以外的人处理。而在亚洲，我们的实力非常薄弱，因而无法把形而上学的武器弃之不用。我们已夺得一个省，还教导民众为自由的理想奋战到死，有没有敌人是次要问题……

……我们的王牌是速度和时间，而不是打击力量，速度和时间赋予我们的是战略而不是战术力量。作战范围对战略的重要性，远甚于作战力量。牛肉罐头的发明比火药的发明更为深刻地改变了陆战。

我的上司没有遵循这些观点，但批准我以自己的方式行事。我们先赶往阿卡巴，轻而易举地夺得这处要地。然后我们又占领了塔菲拉和死海，之后是阿兹拉克和德拉，最终攻占大马士革。一连串作战行动，我们有意识地采用了病床理论……

这些行动的特点，在机动性、飘忽性、不依赖基地和交通线、不掌握地形特点和战略地域、没有固定方向和固定地点等方面，更像作战，而不像普通的陆地行动。"控制海洋者享有极大的行动自由，可以随心所欲地参与战争"，控制沙漠的人也有同样的好运。

1. 劳伦斯在牛津大学住过的房间

2. 他出车祸时骑的布拉夫摩托
这辆摩托在伦敦帝国战争博物馆展出。另外，他的主治医生之一休·凯恩斯自此开始研究摩托车骑手死亡与头部受伤的关系。其研究结果推动了防撞头盔的使用。

3. 劳伦斯用过的头巾和头箍

4. 劳伦斯的墓碑
位于英国多塞特郡圣尼古拉斯教堂。

5. 1928年的劳伦斯
空军中尉斯梅瑟姆摄。

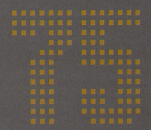

《剑锋》

The Edge of the Sword

"对群众来说，关键在于有一个愿意而且能够有效地解决摆在眼前的种种问题的政府。"

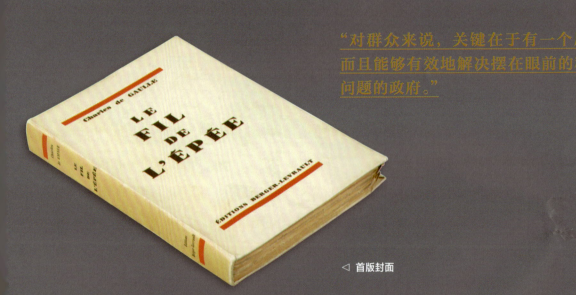

◁ 首版封面

**内容
提要**

★★★

本书主要阐述了他对历史、战争的看法，以及一个优秀的军事领袖应该是什么样的。这部预言性著作是 1932 年出版的。

De Gaulle

夏尔·戴高乐出生于 1890 年，自圣西尔军校毕业后，加入了菲利普·贝当指挥的步兵团。戴高乐 1916 年在凡尔登被俘，停战后在圣西尔军校任教官。他的观点引起了广泛的关注，也遭到某些官方人士反对。第二次世界大战爆发后，戴高乐先是在西线指挥装甲旅，很快出任装甲师师长。德军取得突破后，戴高乐出任战争部副国务秘书。法国停战后，戴高乐逃到伦敦，成为自由法国军队的领袖。法国最终解放，戴高乐组建了临时政府，由于对第四共和国的宪法安排持不同意见，他 1946 年辞去职务。阿尔及利亚危机期间，戴高乐终于重新掌权，镇压了法军将领的叛乱，给予阿尔及利亚独立地位。他作为法兰西第五共和国首任总统，致力于国内改革，加强包括核武器在内的军事实力。1969 年戴高乐辞去职务，1970 年去世。

1942年的戴高乐

摘录
★ ★ ★

伟大的战争领袖向来知道天赋的重要性。亚历山大说的"希望"、恺撒说的"运气"、拿破仑说的"命运",都指明了简单的事实,他们知道自己有一种特殊的天赋,能紧密接触从而把握现实,难道不是这样吗?对那些极具天赋的人来说,这种才能往往能让他们的个性熠熠生辉。他们说的话或说话的方式,可能没什么特别之处,但他们面前的其他人,却产生了一种自然力量注定要掌控相关事件的印象。福楼拜描述尚在青春期的汉尼拔时,就表达了这种感受,他说汉尼拔已披上"那些注定要从事伟大事业者说不清道不明的五彩霞衣"。

虽说没有天赋的激励就无法构思工作或行动,但这种激励不足以赋予构思明确的形式。激励源自"天赋"的事实意味着,它们必然是简单、粗糙的,有时候甚至令人困惑不解。现在,一名将领指挥一支军队,也就是指挥一个具有自身属性和纪律的复杂力量系统,只有遵循一定的模式才能发挥其力量。智力在这里体现出价值。掌握了天赋的原料,智力就对它深加工,赋予它特定的形状,把它打造成定义明确、协调一致的整体……

如果指挥官打算去芜存菁地抓住各项要点,想把整场交战分成若干相辅相成的行动,以便结合所有行动来实现每个行动的共同目标,那么,他必须洞察全局,赋予每个目标相对的重要性,把握当前态势每个要素间的联系,还要认清它的局限性。这一切意味着综合天赋,这种天赋本身就需要高度的智力。为将者必须从相关问题附带的大量混乱细节中找到本质,就像使用立体镜的人,必须把双眼集中于图像,然后才能看见浮雕般的图像凸显出来。这就是伟大的行动者总是沉思冥想的原因。他们无一例外,都有相当高明的自我封闭能力。就像拿破仑说的那样:"军事领袖必须能对一组目标做出强烈、广泛、不懈的考虑。"

King Ubu

▷ 《愚比王》首演式节目单

法国著名戏剧家阿尔弗雷德·雅里23岁写的惊世之作,于1896年4月25日发表在杂志上,同年12月10日在剧院首次演出。它被认为是一部狂野、怪异和滑稽的戏剧,在内容上或形式上,均彻底摧毁了传统戏剧的观念与模式。

要想让一场行动的构想行之有效，也就是说必须适应当时的情况，就需要智力和天赋的共同努力。尽管这两种能力缺一不可，但作战行动的评论者不太愿意承认二者都发挥了必要的作用。评论者通常认为随意打破两种能力间的均衡无不无不可，某个行动构思造成问题的话，他们还把全部责任归咎于其中一种能力。

某些评论者知道，仅凭判断力无法解决涉及的诸多问题，甚至坚称战争中任何军事领袖都不可能主导相关事件，因为无论他的智力天赋多高，都无法控制行动本身。他们说："根本不存在战争艺术这种东西，因为归根结底，决定战斗结果的完全是机会。"哲学家和作家乐于持这种怀疑态度的原因不难解释。专注于猜测的头脑，想不到行动需要些什么。他们只掌握一种他们熟悉的工具，也就是纯粹的智力，因而无法深入行动的内在含义，还把他们的无法理解变为蔑视。

因此，尼各马希代斯抱怨议会任命了一名能力不济的公民担任他们的将领，苏格拉底与他辩论时坚称此举无关紧要，因为就算挑选一位能干而又称职的指挥官，事情还是会朝同样的方向发展。但伯里克利及雅典军队纪律松懈的原因，苏格拉底却把造成这种状况的责任推给不适合担任指挥职务的军官。

类似的态度让托尔斯泰在《战争与和平》一书中，把霍拉布伦的巴格拉季昂描述为，遇到他认为无法改变的事情就顺其自然，他"实际上并没下达什么命令，不过是极力装出，好像发生的一切，不论必然或偶然……尽管不是出于他的命令，可还是符合他意图的"。

所以，阿纳托尔·法朗士也借热罗姆·夸尼亚尔之口说道："两支敌对的军队遭遇时，其中一支必然失败，而另一支军队，尽管指挥官缺乏某些，甚至完全不具备成为伟大领导者的一切品质，但还是必然获胜。"这位精通哲学的神父总结道："那么，此类交战中又怎么可能区分战争艺术发挥的作用与幸运的天赋呢？"

我们绝不能忘记，愚比王之所以赢得胜利，仅仅是因为他没有采取任何准备措施。

的确，军人夸大了智力相对的无用论，有时候完全不使用智力。最简便的办法在这里体现出自身的价值。相关事例说明，指挥官规避了一切智力努力，甚至从根本上鄙视它。每场伟大的胜利，通常都伴随这种智力下降。腓特烈大帝去世后的普鲁士军队就是个例子。另一些情况下，军人意识到知识不足，因而寄希望于灵感或干脆听天由命。法兰西第二帝国时期，法国陆军普遍的心态是："不管怎样，我们总能应付过去的！"

另一方面，智力往往不愿给予天赋适当的份额。智力成为推测领域的绝对主宰，拒不分享行动帝国，还企图凭一己之力行事。发生这种情况的话，就彻底误解了战争的真实性质，那些负责指导战争的人企图采用一套呆板，因而也就是肆意的规则。

独立的智力惯于在"固定的"前提下发挥作用，总是想从预先知道的常数推断出相关概念，但真正需要的是从每个个案偶然而又可变的事实推导出概念。

的确，这种倾向对法国人的思维方式有特殊的吸引力。好奇、理解力强的法国人觉得需要逻辑，喜欢通过推断把一系列事实连接起来，更易于相信理论而不是经验。

……因此，"思想流派"在法国比在其他任何国家更盛行。绝对性和推测性让这些思想流派深具吸引力，但也非常危险，我们已为此付出了高昂的代价。

▽ **年轻时的**
阿纳托尔·法朗士

法国作家、文学评论家、社会活动家，1921年诺贝尔文学奖得主，代表作有《波纳尔之罪》《苔依丝》《鹅掌女王烤肉店》《企鹅岛》《诸神渴了》等。巴黎地铁3号线有一站以他的名字作站名。

利德尔·哈特
1895—1970

《间接路线战略》《第一次世界大战史》

Liddell Hart

巴兹尔·利德尔·哈特 1895 年出生于巴黎，是英国牧师的儿子。他毕业于剑桥大学，1914 年加入英国陆军担任步兵军官。在西线中毒负伤后，他致力于发展步兵的训练方法，还从事战术研究。因伤病退役后，他成为《每日电讯报》和《泰晤士报》的军事记者，他还是个多产的战争著作作家。他一度担任战争大臣的顾问，负责推行重要的军事改革。他对丘吉尔的某些战争政策持反对意见，因而在英国不受重视，但他的思想在其他国家深具影响，特别是在德国。之后几年，他逐渐转向军事历史，在美国各所大学和学院讲学，是公认的战略学先驱。1970 年去世。

利德尔·哈特

巴萨诺公司（Bassano Ltd）
摄于1927年。

《间接路线战略》

Strategy

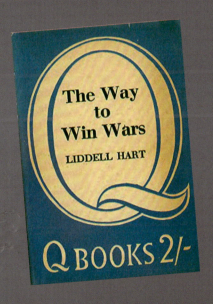

"一个战略家,应该以'瘫痪'为着眼点,而'岂在多杀伤'?即令从战争的较低层次来说,一个人被杀死了只不过是损失了一个人而已,但是一个神经受到震动的人,却可以成为恐怖病菌的传染媒介,足以造成一种恐怖现象。"

◁ 1942年版《间接路线战略》
书名直译为"通往胜利的路"。

内容提要
★★★

"间接路线战略"最初是作者1929年在《历史上的决定性战争》一书中提出的,后来作者又在《间接路线战略》一书里做出详细阐述。本书首次出版于1941年。

摘录

★ ★ ★

所以，最完美的战略，是那种不必经过激烈战斗就能达到目的的战略——所谓不战而屈人之兵，善之善者也。我们可以看到，历史上有不少这样的例证。恺撒的伊莱尔达战役，克伦威尔的普雷斯顿战役，拿破仑的乌尔姆战役，毛奇1870年在色当围攻麦克马洪的军队，艾伦比1918年在萨玛利亚丘陵地区（以色列中部）围攻土耳其军队，都是这样的例子。而近代最触目惊心，而且具有悲剧意味的例证，则是1940年德国人遂行的几场战役。当时，古德里安的装甲部队在西线中央，也就是色当附近，突然突破对方的防御，切断并合围了比利时境内的联军左翼部队，导致欧洲大陆上的联军全面崩溃。

以上列举的战例说明，消灭敌武装力量这个目的，可以通过敌人投降后解除其武装的方法来达成。而这样的"消灭"，对实现战争目的来说，不一定是必需的。有时候，一个国家只是想维护自身的安全，并不打算侵占别的国家，那么，只要解除安全遭受的威胁，也就是说，敌人被迫放弃了侵略企图，这个国家的目的就算达到了。

波斯人早已放弃了入侵叙利亚的企图，而贝利撒留为满足麾下部队赢得"决定性胜利"的愿望，结果在苏尔城附近吃了场大败仗。这是无益地耗费力量、徒劳冒险的鲜明例证。与此相反，后来波斯人重新大举进犯，贝利撒留击退他们，把他们从叙利亚赶走，他这场最后的行动却成为历史上取得决定性战果的光辉范例。也就是说，这一次，他纯粹是利用战略而达成了国家目的。当时，心理因素产生了巨大的效果，没施加太大的物理压力就迫使敌人放弃了自己的意图。

尽管这种不流血的胜利是极其罕见的，但物以稀为贵，它的意义不是迅速减少，而是不断增大。这种胜利的价值，在于它证明战略和大战略具有极大的潜力。人类虽然有几千年的战争经验，可我们对心理战能力的运用，现在刚刚进入探索阶段。

……

按照一般的规律，国家政府既要决定大战略在战争中的目的，也要解决战略的作用问题——是用来获得军事上的决定性胜利呢，还是另有其他目的？一名外科医生的手术箱里，总是装有许多不同的器械。为达成大战略的目的，军事工具不过是若干工具中的一种而已。同样，会战（交战）也只是达成战略目的诸多手段中的一种罢了。如果条件有利，使用军事手段往往能很快取得效果。如果条件不利，那么，使用军事手段可能就是一种愚蠢的行为。

我们可以提出这样的假设：由政府授权某位战略家，让他做出军事决定。这样，他的任务就是力求在最有利的条件下达成自己的目的，力求获得最好的效果。由此可见，他真正的目的不仅是寻找机会从事会战（交战），还要造成最有利的战

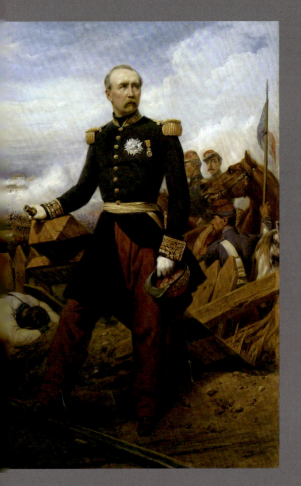

▽ 麦克马洪肖像

奥拉斯·韦尔内
绘于1860年。

略态势。这种态势本身当然不能产生决定性战果，但只要继之以会战，就一定能取得这种结果。换句话说，战略的目的就是要破坏敌人的稳定性，要让敌人自行陷入混乱。结果，敌人不是自动崩溃，就是在会战中被轻易击溃。为了让敌人自动崩溃，也许还要采取一定的作战行动，但从本质上说，这与遂行会战已经是两回事了。

◆ ◆ ◆ ◆

战略怎样破坏敌人的稳定性呢？物理范畴内，下述几种行动都可能产生这种结果。

一：破坏敌人的部署，从而迫使他们突然改变正面，让他们在兵力的组织和配置方面发生混乱；

二：分割（切断）他们的兵力；

▽ **马克向拿破仑投降**

1805年10月15日至20日，拿破仑率法军以极少的伤亡在乌尔姆击败奥地利军，迫使奥军指挥官马克投降。

Ulm
Campaign

195

三：威胁、破坏敌人的补给体系；

四：威胁他们的交通线，导致对方不能在必要的时候沿交通线退却，不能在中间地区或战略后方重新掘壕据守。

破坏敌人的稳定性，可以采取上述四种方法中的任何一种来达成，但常见的是综合使用几种方法来实现。实际上，要把这些方法分开是很难做到的，因为即便趋向敌人后方的行动，也是把上述方法综合在一起。不过，几种方法间的相互关系和作用，是不断变化的。而且正如历史经验证明的那样，取决于军队数量的多少和军队组织的复杂程度……破坏敌人的稳定性，从心理方面说，是采用上述各种方法对敌军指挥官产生作用造成的结果。如果敌人突然觉察到自己处境不利，因而没有能力进行抵抗，那么，上述方法产生的影响或作用就特别强烈，敌人在思想上感到自己已落入陷阱，这是从心理上破坏敌人稳定性的主要原因。

正因为如此，对敌军后方施以物理性压力，往往能产生心理效果。军队和人一样，如果不把身子转过来，不把自己的武器用到新的方向，就不可能挡住来自背后的进攻。"转身"的时候，也就是朝新方向调整兵力部署之际，军队的战斗力必然会暂时遭到削弱。这和人在转身时失去防护力一样。而且，军队"转身"耗费的时间，必然比个人长得多，因而战斗力暂时遭削弱的时间也就长得多。所以，任何一支军队，特别是它的"头脑"（指挥官），对来自后方的威胁总是非常敏感。

与此相反，对敌人实施直接的正面进攻，无论从物理还是心理方面看，不仅无法破坏敌军抵抗力，反而有可能提高他们的稳定性，也就是加强对方的抵抗力。遭到正面攻击的压力，敌人就算向后退却，也是逐渐靠近他们的预备队、补给基地、增援部队，他们可以借此恢复自身的力量。实施正面进攻，充其量让敌人非常紧张，很难导致对方产生惊恐现象。

所以，从翼侧迂回，或者前出到敌军后方，目的不仅是避开对方的抵抗，也是为获得有利于己方的战役结局。换句话说，这种机动就是选择抵抗力最小的路线。如果从心理方面说，就是最出乎敌人意料的路线。这好比一枚硬币的两面，明白了这个道理，对战略的理解就更深入一层。但要知道，我们选择抵抗力最小的路线时，决不能简单行事，不能过于明显，因为我知敌亦知，对方自然也会对此加以注意。如果是这样，这条路线可能就不再是抵抗力最小的路线了。

我们研究物理因素时，永远不要忘记精神因素。一个战略，只有考虑到两种因素的结合，才能称得上是真正的间接路线战略，才确有希望破坏敌人的稳定性。

仅仅向敌人作间接行军，尔后前出到敌人后方，不能算是战略性的间接路线。战略的艺术不这么简单。有时候，就敌人的正面来说，开始进行的运动可能具有间接意义，但随着情况发展，敌人会猜到你要前出到他后方，因而会抢先变更兵力部署。这样一来，继续采取的行动对敌人新的正面就不再具有间接意义，而变成了纯粹的直接进攻。

既然敌人有抢先变更部署、改变正面的可能性，那么，采取直趋敌后的行动前，通常要在次要方向实施一个或几个一般性的机动，以"分散"敌军注意力，"牵制"他们的兵力。或者说，要想办法剥夺敌人的行动自由。只有这样，才可能在物理方面和

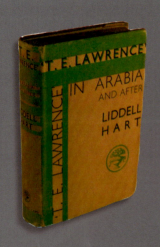

△ 传记《阿拉伯的劳伦斯》

利德尔·哈特撰写，1934
年在伦敦出版。

精神方面确保取得良好的效果。从物理方面来说，采取吸引敌人注意力的行动，就是要分散敌军兵力，或者让他们把兵力用于次要方向，从而迫使对方无法在决定性方向实施有效抵抗，无法抵御我方的进攻。从心理方面来说，要想获得成效，就得设法欺骗敌军指挥官，麻痹他们的意志，让对方感到困惑和恐惧。

……

即便在具有决定意义的预想地点集中优势兵力，如果无法阻止敌人及时向那里调集援兵，那么，仍然难以获得胜利。倘若敌人在这个地点只是兵力处于劣势，精神上并没有受到震撼，那么，依靠兵力优势也无法保证必胜。拿破仑曾多次遭受惨败，有几次正是因为忽视了这种前提条件。自兵器迟滞敌人的威力增大后，"分开"使用兵力的重要性就更加明显了。

……

战争中，每个问题和每条原则，都像硬币一样有两面。对这个颇为深奥的真理，福煦和克劳塞维茨的其他门徒，都没有完全弄懂。所以，为了让两个方面相互适应，就必须很好地采取折中办法。这是个必然结果，因为战争是敌对双方共同进行的，每一方都可能实施攻击，但同时也要采取防御措施。根据这个原理推论，要是你想实施有效的攻击，首先要剥夺敌人的自卫能力，要出其不意地进攻对方。只有敌人分散兵力后，才可以有效集中自己的兵力。而通常情况下，进攻方为达成这个目的，必须先分散自己的兵力。这样，我们就看到一种表面上似乎矛盾的现象：真正的兵力集中，其实是首先分散兵力的结果。

双方相互影响的这种情况带来另一个结果：为确保夺取某个目标，必须同时威胁对方几个目标。正是在这个问题上，我们可以看到，现代军事学说与19世纪的福煦及其信徒的军事学说间，存在重大差别，因为他们只追求一个目标。这也是实践与理论间的差异。如果敌人准确判明你的突击方向，那么他们就获得了最好的机会，可以采取防御措施，削弱你的突击力量。从另一个角度看，如果你能同时威胁几个目标，那么你就可能分散敌人的注意力，迫使他们也分散自己的兵力。这种分散敌军注意力的方法最经济，因为它可以让你在主要突击方向上集中自己的大部分兵力。这样，你就可以达成集中最大兵力的目的，同时兼顾了分散兵力的必要性。

没有备用方案，是与战争本质相矛盾的。法国人德布尔塞在18世纪提出了一个明智的论断，说得非常透彻："任何一个战争计划，必须包含几个作战方案，人们需要周密的思考，让几个方案中有一个能确保赢得胜利。"拿破仑也说过："作战计划应该有两个方案。"七十年后，谢尔曼从经验中吸取了教训，重新得出类似结论，提出他那句有名的格言："要让敌人经常处于左右为难的境地。"任何情况下，只要存在敌人，就要设想几个行动方案。无论战争时期还是和平时期，都要遵循一条原则：只有"适应"才能"生存"！战争不是别的东西，而是人类集中力量从事斗争的一种形式，是人类反对周围环境的一种斗争。

[以纽先钟的译本（《战略论》，战士出版社，1981年）为基础，作了修改]

△ 艾伦比

"一战"期间，他率领英国埃及远征军（EEF）对抗奥斯曼帝国。"阿拉伯的劳伦斯"曾是他麾下将领。

《第一次世界大战史》

A History of the World War

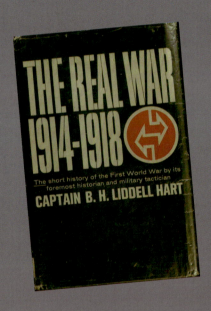

"虚假的历史不仅掩盖了本来可以弥补的缺陷和不足，还制造出虚假的信心，而虚假的信心正是军事史里绝大部分失败背后的原因。"

◁ 1930年首版《第一次世界大战》

内容提要
★★★

本书以时间为主线，首先概述每一年的总体形势与突出特点，然后分成小节，详细叙述各年份的战役。同时，书中还穿插着必要的专题叙述和分析，比如战争的起源、力量对比、各国的战争计划、坦克和飞机的兴起等等。

Douglas Haig

道格拉斯·黑格肖像

黑格自1915年底开始指挥西线的英国远征军（BEF），直到战争结束。威廉·奥彭（William Orpen，1878—1931）绘于1917年。

GHQ.
10th MAY 1917

199

ORPEN

摘录
★★★

（第三次伊珀尔交战后来被称为"帕森达勒战役"，是在黑格及其支持者施加的压力下，劳合·乔治勉强同意后，1917年在西线实施的。英军在此次交战中伤亡25万人，声誉严重受损。）

把敌军注意力从法国引开的必要性、潜艇战造成的海上危机、俄军仍有可能发动第二场攻势的需要，这几点共同证明黑格5月份的决定正确无误，可没等英军7月31日发起他们的主要攻势，情况就彻底发生变化。战争中，一切取决于时间因素。到7月份，贝当整顿的法国陆军正在恢复元气；尽管仍在恢复期，但潜艇造成的危机，最严重的时刻已经过去；国内革命给俄军造成的瘫痪显而易见。尽管如此，英国最高统帅部没有变更既定方案。

历史学家可能会认为，他们就大规模进攻的原则和进攻地点做出的决定，没有充分吸取历史和近期经历的经验教训，也没有考虑重要的现实状况。英军的进攻方向不是集中于德军主要交通线，而是与之背道而驰，因此，这种进攻不会给敌人设在法国的阵地造成严重危害。黑格在此处采用了独特的进军方向，奇怪的是，一年后他却提出建议，阻止福煦和潘兴在西线另一侧沿用相同的做法。

因此，英军沿比利时海岸的推进，无法取得重大战略成果，出于同样的原因，即便把这场进攻视为建立在有利可图的基础上，牵制并消耗敌军这种策略的手段，沿比利时海岸进攻也不是最好的方向。另外，夺取这条海岸线上的潜艇基地，以免英国国内挨饿，这种想法早已放弃，因为对方实施的潜艇战，主要从德国港口出发。黑格的错觉是如何形成的，这个问题实在令人费解。

……

更糟糕的是，由于佛兰德地区这片地段错综复杂的排水系统遭到破坏，伊珀尔交战还没开始就注定要失败。相关传说称，这些臭名昭著的"帕森达勒沼泽"是暴雨造成的一片不祥之地，这种自然障碍无从预见，因而无法避免。实际上，这场交战开始前，坦克部队司令部呈交总司令部的备忘录指出，如果炮火摧毁了伊珀尔地区及其排水系统，整个战场就会沦为沼泽。

……英军耗费近两个月时间，为主要突击加以准备，这段间隔期让德方得到充分警告，他们准备了相应的反制措施。这些反准备包括一种新的防御手段，适用于眼前这片水淹地区，而英军的进攻方式就不适合这片地域。德国人没有沿用旧的线性堑壕体系，而是开发了一个不连贯的支撑点和混凝土暗堡体系，具有相当大的纵深，从而尽可能多地使用机枪据守防区，把投入的兵力减少到最低限度。他们以少量兵力守卫前沿阵地，把腾出的兵力编入预备队集结在后方，以便迅速展开反冲击，把英军驱离他们艰难夺得的阵地。英军推进得越深，遇到的防御体系就越复杂。另外，德国人还使用了芥子气，严重扰乱了英军炮兵和集结地域。

……

英军炮兵共投入3091门火炮，其中包括999门重炮……这场炮击7月22日发起，一连持续十天，直到7月31日凌晨3点50分，12个步兵师才冒着倾盆大雨，沿11英里宽的战线向前推进。

……加拿大第1师、第2师11月4日出人意料地攻占帕森达勒村，这让联军获得

一种空洞的满足感,第三次伊珀尔交战这出悲剧终于正式落下帷幕。这场早该结束的交战,不仅把英国军队推到衰竭的边缘,还写下英国军事史上最悲惨的一页,遂行这场交战唯一的理由是吸引敌军注意力和兵力,而黑格选择了对自己最不利,对敌人却无关紧要的进攻地点。他想消耗敌军预备队,但耗尽的却是自己的预备力量。

……

英军的作战方案把他们的军队投入满是泥浆和鲜血的战场,一名主要制订者无意间流露的悔恨之情,也许可以看作对这份方案最犀利的批判。历时四个月的交战结束后,英军总司令部这位高级军官首次探访前线。汽车逐渐驶近战场的沼泽边缘,他越来越不安,突然间失声痛哭:"天哪!我们真的把他们送到这里来打仗吗?"随行的同伴告诉他,前方的状况更加恶劣。如果这种感慨源自真情实感,那就表明他不屈不挠的"进攻精神",建立在幻想和不可原谅的无知这种基础上。

△ **英王乔治五世与潘兴将军检阅美军第33师**

大卫·麦克莱伦(David McLellan)摄于1918年8月12日。

古代世界

文艺复兴与宗教改革时期

理性时代

大革命时期

19 世纪后期

20 世纪

附录

附录

利德尔·哈特所选的七十余本著作中，
有些国内已有中译本，如《战术》《战争艺术概论》；
有些属于文学作品，如《战争与和平》《骑士回忆录》；
有些与战争、军事没有很强的直接联系，
如《政治学》《利维坦》。
现将这些著作汇集于此，简要介绍。

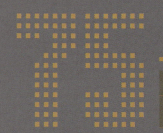

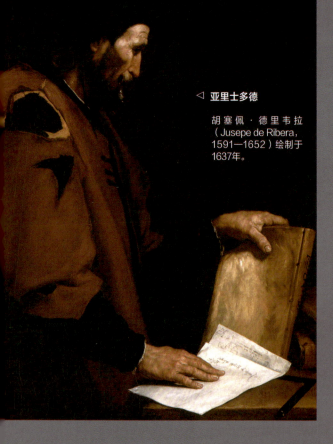

Aristotle

"政治学上的善就是'正义',
正义以公共利益为依归。"

◁ 亚里士多德

胡塞佩·德里韦拉
（Jusepe de Ribera,
1591—1652）绘制于
1637年。

<table>
<tr><td>时期</td><td>古代世界</td><td>文艺复兴与宗教改革时期</td></tr>
<tr><td>序号</td><td>46-49</td><td>50-56</td></tr>
</table>

46 《政治学》 Politics

亚里士多德
Aristotle，前 384—前 322

　　亚里士多德，公元前 384 年出生于希腊，17 岁进入柏拉图的雅典学院学习。公元前 342 年，他成为马其顿国王之子亚历山大的老师。七年后，亚历山大率领军队远征，亚里士多德返回雅典，致力于科学研究。经历了一场叛乱后，他逃到哈尔基斯，公元前 322 年在那里去世。他是西方历史上最伟大的智识人物之一，即使经历文艺复兴、宗教改革和启蒙运动的知识革命之后，亚里士多德提出的很多概念仍然深植于西方思维之中。

　　《政治学》是亚里士多德"关于政体研究的专著"，是古希腊第一部全面而系统地论述政治问题的著作。书中不仅探讨并阐释了奴隶制的各种政体及其统治形式，还介绍了当时希腊社会的状况。

47 《孙子兵法》 The Art of War

孙武
Sun Tzu，约前 545—约前 470

　　孙武，字长卿，齐国乐安人，中国春秋时期著名的军事家、政治家，尊称兵圣或孙子（孙武子），大约活动于公元前 6 世纪末至前 5 世纪初。孙武由齐至吴，经吴国重臣伍员（伍子胥）举荐，向吴王阖闾进呈所著兵法十三篇，受到重用为将。他曾率领吴国军队大败楚国军队，占领楚国都城郢城，几近覆亡楚国。

《孙子兵法》共六千字左右，是中国现存最早的兵书，也是世界上最早的军事著作，被誉为兵学圣典。美国西点军校军事战略课程将本书列为参考读物，它还是英国桑德赫斯特皇家军事学院军官学员的推荐读物。美国海军陆战队准将、历史学家萨缪尔·B. 格里芬翻译的英文版中，有利德尔·哈特撰写的前言。这版译本还入选了"联合国教科文组织代表作品集"。

48 《埃涅阿斯纪》 *Aeneid*

维吉尔
Vergil，前 70—前 19

维吉尔，公元前 70 年出生于山南高卢，由于健康状况不佳，他没有担任过公职，毕生致力于文学创作。奥古斯都称帝后，请维吉尔写一部著作。维吉尔接受委托后，耗时多年从事研究和准备工作，公元前 19 年终于完成了诗篇的初稿。维吉尔同年去世于布鲁迪辛乌姆，没能按照自己的意愿修改、润色。他是古罗马奥古斯都时期最具代表性的重要诗人，被誉为荷马之后最伟大的史诗诗人。

《埃涅阿斯纪》共分 12 卷，是罗马的民族史诗，也是世界文学杰作之一，叙述了特洛伊王子安奇塞斯和女

神阿佛洛狄忒（相当于罗马神话中的维纳斯）的儿子——埃涅阿斯在特洛伊城被希腊军队攻陷后，离开故土，历尽艰辛，到达意大利建立新城邦的故事。故事以当地部落首领图尔努斯与埃涅阿斯决斗为高潮。

49 《战术》 *Tactica*

"智者"利奥
Leo the Wise, 866—912

"智者"利奥（即利奥六世）是拜占庭帝国马其顿王朝的第二位皇帝，公元 886 年即位，公元 911 年驾崩，他撰写了许多神学著作和诗歌，以博学闻名，因而被称为"智者"或"哲学家"。在《战术》之外，他还完成了拜占庭帝国第一本希腊语法律巨著《君主法典》，并资助了《宴会座次》（拜占庭制度史研究者的重要参考文献），他还为改革民政做了许多工作。但在他统治期间，拜占庭帝国在巴尔干地区对保加利亚以及在西西里岛和爱琴海对萨拉森人的战争中遭遇了几次失败。

查尔斯·欧曼爵士在《拜占庭帝国的故事》中表示："《战术》讨论了利奥六世时代的军事组织、战术以及谋略史，给后世的我们留下了拜占庭军队及其战术的完美参考，也概述了帝国必须面对的各种敌人。"一些权威人士认为，《战术》一书是公元 717 年到 740 年在位的利奥三世所著。被称为伊苏里亚人的利奥三世武功赫赫，曾成功抵抗过萨拉森人对君士坦丁堡的围攻，还进行了行政改革，让帝国免于崩溃。

50 《君主论》 *The Prince*
51 《兵法》 *The Art of War*

马基雅维利
Machiavelli，1469—1527

　　尼科洛·马基雅维利 1469 年出生于佛罗伦萨，21 岁在重要的市政部门任职。接下来几年，他担任过各种职务，有时候在海外任职，其间结识了恺撒·博尔吉亚，马基雅维利以他为原型创作了《君主论》。1504 年，马基雅维利成为佛罗伦萨组建的国民军的领导人，在他的监督和指挥下，国民军 1509 攻克比萨。1512 年，美第奇重新掌权，褫夺了马基雅维利的权力，把他投入监狱严刑拷打。获释后，马基雅维利致力于写作，除了最著名的《君主论》和《李维史论》，还撰写了历史著作、喜剧、诗歌。他逐渐赢得美第奇的青睐，重新担任公职。马基雅维利加入教皇的军队反对查理五世，直到 1527 年罗马遭劫掠。美第奇家族垮台后，新政权没有接纳马基雅维利，他于同年郁郁而终。在中世纪后期的政治思想家中，马基雅维利第一个明显地摆脱了神学和伦理学的束缚，为政治学和法学开辟了走向独立学科的道路，有"资产阶级政治学奠基人"之称。

　　《君主论》尽管不厚，却是马基雅维利的作品中最知名的一部。本书最初是献给洛伦佐·德·美第奇的，主题是证明君主为实现目标（例如荣誉和生存）而使用不道德的手段是合理的。作者在书中较为完整地阐述了他的君主专制理论和君王权术论，总结了意大利长期战争分裂的原因，并提出了实现意大利的统一的方案。

　　《兵法》写于 1519 年至 1520 年间，并于次年出版，是唯一一部在马基雅维利生前就刊行的历史政治类作品。全书以对话的形式展开，借用法布里奇奥之口讨论了国家的兵役制度、军队的训练、布阵、开战、行军、宿营、攻城、围困以及部队管理等涉及战争和军队建设各个方面的重大问题。当然，由于时代的局限，他在书中的不少议论也是不足为训的。

52 《英国的主要航海、航行和发现》
Voyages and Discoveries

哈克卢特
Hakluyt，约 1552—1616

　　理查德·哈克卢特 1552 年左右出生于伦敦附近，从牛津大学毕业后，他把毕生精力和资产用于发展地理科学。作为牧师，哈克卢特接受了秘密收集法国和西班牙海上动向情报的任务，特别是关于美洲的消息。他从商人、船长和其他人那里收集资料，必要时翻译了大量具有科学、经济、战略价值的信息。1584 年，他撰写了几部关于西方发现的专论，阐述了殖民论点，还写了一篇对亚里士多德《政治学》的评论。沃尔特·雷利爵士是哈克卢特的资助人。哈克卢特后来担任威斯敏斯特总执事，1616 年去世。1846 年，一个以他的名字命名的协会在伦敦成立，旨在出版航行和旅行的原始记录的学术版本。

　　本书约 176 万字，内容几乎涵盖了截至伊丽莎白时代欧洲探险家去过、发现过的所有地方，汇集了哈里奥特、弗罗比舍、吉尔伯特、泽诺兄弟、卡蒂埃、雷利、洛多尼埃、科罗纳多、德雷克以及其他许多探险家的记载。尽管哈克卢特本人从未到过法国以外的地方，但他的著作对促进英国通过在全球的殖民和贸易活动进行扩张起到了重要作用。

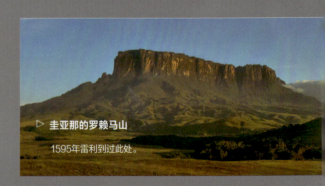

▷ 圭亚那的罗赖马山
1595年雷利到过此处。

53 《世界史》 *History of the World*

雷利
Raleigh，约 1554—1618

··

　　沃尔特·雷利大概 1554 年出生于德文郡。1587 年，他和同父异母的兄弟汉弗莱·吉尔伯特爵士出海，摧毁了西班牙的航运。1580 年，他无情镇压爱尔兰叛军和迅速征服爱尔兰的方案，引起伊丽莎白女王的关注。他成为女王的宠臣，很快就通过垄断贩卖积累了大量财富，在爱尔兰他拥有大量不动产。他为英国击败西班牙无敌舰队发挥的作用，一直存有争议。1584年,他派遣一支远征队移民北美，并把那里命名为弗吉尼亚郡。1592 年，雷利与女王侍女的私情败露，从宠臣沦为阶下囚。获释后，他乘船赶赴南美洲的奥里诺科河，一方面是寻找黄金，另一方面也想建立新殖民地"埃尔多拉多"，但没能成功。1596 年，雷利参与了进攻加的斯的战役，在战斗中负伤，次年在亚速尔群岛指挥了一场两栖作战。詹姆士一世即位后，雷利被控叛国罪，在伦敦塔囚禁了 13 年之久。他在牢里从事科学实验，还撰写《世界史》。雷利 1616 年获释后，跑到圭亚那寻找黄金。他违抗命令进攻西班牙定居者，结果造成一场灾难，他企图逃往法国未遂，1618 年在威斯敏斯特被处决。

　　雷利撰写《世界史》的初衷是写就一部指导性的历史，提供从创世至他那个时代的道德范例。作为威尔士亲王亨利（1594—1612）的学习资料，书中大量提到战争、法律和王权。然而，随着王子的意外离世，本书内容也止于第四次马其顿战争。

54 《利维坦》 *Leviathan*

霍布斯
Hobbes，1588—1679

··

　　托马斯·霍布斯 1588 年出生于马姆斯伯里，从牛津大学毕业后当了家庭教师。他还为弗朗西斯·培根爵士工作了一段时间，翻译了修昔底德的著作。霍布斯的观点为英国朝野所不容，于是他 1640 年逃到法国，辅导遭放逐的查理二世，1651 年才返回英国。查理二世复辟后的 1662 年，英国议会下令调查他的无神论著作，霍布斯同意不再发表任何煽动性文章。但他继续从事写作并且著述颇丰，直到 1679 年才结束其高寿的一生。他创立了机械唯物主义的完整体系，他反对君权神授，认为国家是人们为了遵守"自然法"而订立契约所形成的。

　　《利维坦》是霍布斯的代表作之一，全书分为四部分：第一部分《论人类》，开宗明义宣布了作者的彻底唯物主义自然观和一般的哲学观点；第二部分《论国家》，是全书的主体，讲述了国家如何通过契约产生、国家的形式、主权者的权利职责、臣民的义务；第三部分《论基督教体系的国家》，旨在否认自成一统的教会，抨击教皇掌有超越世俗政权的大权；第四部分《论黑暗的王国》，其主要矛头对准了罗马教会。本书被视为有关社会契约论的最早和最有影响力的著作。

◁ 《利维坦》卷首插图

亚伯拉罕·博斯（Abraham Bosse，约1604—1676）创作于1651年。利维坦是《圣经》中的一只海怪。

55 《海上新模式草案》
Rough Draft for a New Model at Sea

哈利法克斯侯爵
Marquis of Halifax, 1633—1695

乔治·萨维尔 1633 年出生于约克郡,早年在欧洲大陆居住过一段时间。1660 年,他当选议员,议会支持查理二世复位。随后的从政生涯中,他改变了自己的政治立场,得到"骑墙派"的绰号。1682 年,萨维尔出任掌玺大臣,获得哈利法克斯侯爵封号,但 1685 年被詹姆斯二世解职。1689 年,他大力支持威廉和玛丽联合执政,出任首席大臣。他 1690 年辞职,1695 年去世,退休期间撰写了一些政论小册子,体现了他在宪法和宗教间做出折中的哲学思想。他在《海上新模式草案》中论述了有关海军改革的建议。

56 《骑士回忆录》
Memoirs of a Cavalier

笛福
Defoe, 1660—1731

丹尼尔·笛福 1660 年出生于伦敦,是屠夫的儿子,在一所不信奉国教的学院就读。他 1683 年参加了西南部蒙默思郡的叛乱,后来设法逃脱,"光荣革命"后,奥兰治亲王威廉进入伦敦,笛福成了志愿兵。1698 年,他写了篇《论开发》,建议在军事院校进行体制改革,还提出建立常备军。此后,他成为多产的作家,写了许多小册子和书籍。1702 年,笛福因讽刺宗教入狱,被判负枷和罚款;他获释后,1704 年在苏格兰担任政府特工,为联邦效力。1715 年,他因为诽谤罪再度入狱。笛福 1719 年出版了《鲁滨孙漂流记》,1724 年遭遇一场神秘的暴力袭击,1731 年在负债累累的情况下去世。

读者普遍认为《骑士回忆录》讲述的是真实的故事(比如,威廉·皮特就这么认为),其实本书是最早的历史小说之一。故事的背景是三十年战争和英国内战。主人公在牛津大学学习了很短的时间后,去了国外旅行,在德意志地区志愿加入瑞典国王古斯塔夫·阿道夫麾下,作为一名军官参战。随着这位"光荣的国王"战死于吕岑,主人公便退出了瑞典军队。两年后,主人公回到英国,不久内战爆发,他选择站在国王查理一世一边。书中的有些说法与史实不符,但胜在以生动、丰富的细节还原了那个时期的战争场景和军队生活。

57 《盟友的行径》
The Conduct of the Allies

斯威夫特
Swift, 1667—1745

乔纳森·斯威夫特 1667 年出生于都柏林,从 1713 年到去世,一直担任圣帕特里克大教堂教长,但他是作为讽刺散文作家而名垂不朽的。尽管斯威夫特赞同辉格党的宗旨,可他 1710 年却成为罗伯特·哈利和亨利·圣约翰领导的、安妮女王新托利党内阁的首席政治作家。

斯威夫特最著名的讽刺小说《格列佛游记》1726 年面世。他经受了长期的身心疾病后,于 1745 年在都柏林去世。

《盟友的行径》是新托利党内阁 1711 年委托斯威夫特撰写的小册子,11 月 27 日出版,很快就售出 3 万册。他在书中抨击了英国在西班牙王位继承战争中的盟国,给出了参战的直接原因,论证了英国应该与法国议和。斯威夫特的反战和反辉格党论点赢得了议会和民众的支持,议会 12 月 7 日复会,马尔伯勒公爵 12 月 30 日遭罢黜。

"我们应当更好地使用兵力和金钱,一方面削弱敌人,另一方面为自己谋求些实实在在的利益。"

58 《制胜的科学》
The Science of Conquering

苏沃洛夫
Suvorov，1729—1800

....

　　亚历山大·苏沃洛夫 1729 年出生在莫斯科一个具有瑞典血统的家庭。年幼的苏沃洛夫身体孱弱，但他把瑞典国王卡尔十二世视为心中的英雄，还阅读各种军事著作。他的一位导师是甘尼巴尔将军，甘尼巴尔早先是个黑奴，后来成为彼得大帝军中的将领，一直活到 92 岁。苏沃洛夫 17 岁参军入伍，尽管他颇有背景，但还是在军队里担任普通士兵，一直干到 25 岁。在此期间，他发表了一些诗歌和文章，被认为颇具天赋。到 1757 年，他已晋升中校，两年后在七年战争期间脱颖而出。他成了游击战专家，也是主张进攻作战的领军人物。他在波兰和土耳其战争中发挥了杰出的作用，扩大了俄国的疆土。苏沃洛夫晚年出任总司令，奉命迎战法国大革命的军队，在意大利打了场卓越的战役。班师回国后，于 1800 年去世了。

　　苏沃洛夫对俄国军队产生过深远的影响。苏联的索科洛夫斯基元帅在一份评价中写道："早在拿破仑之前很久，苏沃洛夫就成功采用了密集部队，而不是西欧各国军队盛行的线式战术和警戒线战略。"

　　《制胜的科学》概述了他对士兵训练、战斗战术和其他军事事务的看法。它由两部分组成：《演习前的训练》《向士兵口授必要的知识》。本书不是专业论文，而是一部军事训令集，就连农民组成的军队也能牢记并加以应用。这部著作于 1806 年首次出版，并多次重印。

59 《自传》 *Autobiography*

吉本
Gibbon，1737—1794

....

　　爱德华·吉本 1737 年出生于伦敦附近，后去了瑞士。七年战争期间，他加入南汉普郡民兵部队，获得临时上尉军衔，1774 年作为诺斯勋爵的支持者进入议会。在此期间他开始写作，1787 年完成了《罗马帝国衰亡史》。1794 年去世。

　　《自传》其实是未完成的遗作。1788 年 6 月，也就是《罗马帝国衰亡史》最后几卷出版后的一个月，他开始写回忆录。然而，没来得及写出自己满意的版本，便去世了，留下六份手稿：1.《爱德华·吉本回忆录》，写于 1788—1789 年，里面有他自己的各种观察和短途旅行；2.《我自己的生活》，写于 1788—1789 年，记录了他人生的前 27 年；3.《爱德华·吉本的生活和著作回忆录》，写于 1789 年，记录了他 35 岁前的生活；4. 无书名，写于 1790－1791 年，描述了他人生的前 35 年；5.《我自己的生活》，写于约 1792—1793 年，记录了他人生的前 54 年；6. 无书名，写于 1792—1793 年，描述了他生命的前 16 年。

　　他的好友兼文学遗嘱执行人谢菲尔德勋爵，将这些手稿整合、编辑成了一本书，以《我的生活和写作回忆录》为书名，收入《爱德华·吉本先生杂文集》，并于 1796 年出版。这部作品在 19 世纪被多次重印，直到 1896 年出版商约翰·默里出了一个新版本。距今最近的版本是贝蒂·雷迪斯编辑的，1984 年由企鹅图书出版。

▷ 《罗马帝国衰亡史》
书脊设计极富巧思。

◁ "苏沃洛夫勋章"
"苏沃洛夫奖章"

60 《战争艺术概论》
Summary of the Art of War

若米尼
Jomini，1779—1869

••••••••••••••••••••••••••••••••••••

安托万－亨利·若米尼男爵 1779 年出生于瑞士，在一家巴黎银行工作后，投身瑞士军队。若米尼撰写的战术著作让他名噪一时，奈伊元帅请他担任自己的副官，拿破仑后来晋升他为上校。他跟随奈伊元帅参加了耶拿、埃劳战役，还远征西班牙，随后辞职离开法国军队。但拿破仑 1810 年召回若米尼，28 岁的若米尼获得准将军衔。若米尼出任法国陆军参谋处历史科主任，随后参

"战争是一门艺术，
而不是一门科学。"

△ 若米尼肖像

乔治·道（George Dawe，1781—1829）工作室绘。1822 年至 1828 年，乔治·道与助手亚历山大·波利亚科夫和威廉·奥古斯特·戈利克在冬宫画了 329 幅俄军高级军官的肖像。

加了侵俄战争，出任奈伊元帅的参谋长。法军赢得包岑战役后，若米尼功劳甚大但没能获得晋升，因而离开法国军队转投俄军，以中将身份经历了随后的战争。莱比锡战役期间，他在沙皇亚历山大身旁担任侍从副官长。

若米尼参加了维也纳会议，还担任俄国皇室的军事教官，后来陪同他当初的学生沙皇尼古拉一世，以俄军总参谋长的身份参加了 1828 年的俄土战争。1832 年，他帮助俄国在莫斯科开设军事学院。他最著名的著作，是献给沙皇的《战争艺术概论》，1837 年出版。若米尼 1848 年退役，但 1854 年克里米亚战争期间，他又回来担任沙皇的顾问。1869 年，若米尼在巴黎去世。

《战争艺术概论》共论述了七个方面的内容：战争政策；军事政策或战争哲学；战略；大战术与交战；战略战术性混合作战；战争勤务或调动——军队的实用艺术；军队的战斗部署和三个兵种的单独使用或联合使用。在美国内战之前，约米尼的著作是西点军校唯一教授的军事战略著作。

61 《战争论》 On War

克劳塞维茨
Clausewitz，1780—1831

••••••••••••••••••••••••••••••••••••

卡尔·冯·克劳塞维茨 1780 年出生于德国，1792 年加入普鲁士军队。他在柏林接受沙恩霍斯特的指导，潜心研究军事科学。克劳塞维茨 1806 年作为奥古斯特亲王的副官，参加了耶拿会战，被俘获释后，成为普鲁士军队改革的领军人物之一。他转投俄国军队，为 1812 年战役发挥了积极的作用，还参与谈判，促使普鲁士加入反对拿破仑的阵营。他返回普鲁士，滑铁卢战役期间担任军参谋长。战后，克劳塞维茨以将级军官的身份出任普鲁士战争学院院长，致力于历史研究，1816 年至 1830 年间撰写了他的重要著作《战争论》。1831 年他因霍乱去世。

《战争论》由他的遗孀玛丽·冯·布吕尔编辑、整理，在 1832 年至 1835 年间出版。全书共 8 篇 124 章；另有说明、作者自序，及作者在 1810 年至 1812 年为普鲁

士王太子讲授军事课的材料等附录，计70余万字。第一篇，论战争的性质；第二篇，论战争理论；第三篇，战略概论；第四篇，战斗；第五篇，军队；第六篇，防御；第七篇，进攻（草稿）；第八篇，战争计划（草稿）。

《战争论》的手稿是克劳塞维茨去世后，别人在一个密封的包裹里找到的，还附有一张便条，上面写道："如果我的去世导致这项工作中断的话，那么，现在找到的这些东西只能称为一堆尚未成形的构想……可能会引发无尽的误解。"

本书是有史以来最重要的政治军事分析和战略论著之一。

62 《帕尔马修道院》
The Charterhouse of Parma

司汤达
Stendhal，1783—1842

笔名司汤达的马里 - 亨利·贝勒，1783年出生于法国，大学辍学后投笔从戎，成为法国陆军军官。他参加了拿破仑远征意大利的战役，退役后撰写戏剧，还开了个杂货铺。由于生意不景气，他又返回军队，在军需部门任职，经历了拿破仑的侵俄战争。战后，他侨居意大利，后因涉嫌间谍活动被奥地利人驱逐出境。他返回法国后的日子过得穷困潦倒，直到1830年革命后出任法国驻意大利领事。《帕尔马修道院》和另一些著作终于让他功成名就，但没过多久，他就于1842年去世了。

《帕尔马修道院》的主人公法布利斯是一个英俊青年，赢得了很多女人的青睐。他从滑铁卢战场回到帕尔马，当上副主教后，又惹下不少风流韵事……直到锒铛入狱，遇到要塞司令的女儿，他变成另一个人。由于司汤达只用了52天就写完了这本书，因此故事的某些地方写得不甚严密。另外，司汤达写作的时代流行浪漫主义风格，而他的创作风格偏向现实主义，书中对滑铁卢战役的描写便体现了这一点。在《战争与和平》中，托尔斯泰描写博罗季诺战役时受了司汤达的影响。

63 《白外衣》White-Jacket

梅尔维尔
Melville，1819—1891

赫尔曼·梅尔维尔1819年出生于纽约，短暂从事教师职业后，19岁那年出海。他在捕鲸船和其他船只上干活，去南太平洋游历了一番，1843年加入"联邦"号护卫舰担任普通水手，次年被解雇。梅尔维尔致力于写作，但贫困迫使他在海关任小职员，1891年默默无闻地死于纽约。

《白外衣》是一名年轻人对他在低层甲板遭受的虐待做出的控诉，但书中关注的是生命更深层的意义。这部小说对美国海军生活的几乎每一个方面都进行了严厉的批评，对鞭刑以及任意使用鞭刑所造成的恐怖做了生动描述，在推动美国国会废除海军鞭刑方面发挥了作用。本书1850年1月在伦敦出版，3月在纽约出版。梅尔维尔的作品中，《白鲸》在中国的知名度最高，也被公认为是美国文学和世界文学的杰作。

64 《战斗研究》Battle Studies

迪皮克
Du Picq，1821—1870

夏尔·阿尔当·迪皮克1821年出生，1844年加入法国陆军任职。他参加过克里米亚战争，在塞瓦斯托波尔被俘，后来又在非洲经历了叙利亚战役。迪皮克担任步兵团上校团长后，1870年阵亡于普法战争隆日维尔莱梅斯战役。

《战斗研究》是他死后出版的。这是一部比较"古代战争"和"近代战争"的作品。古代部分是作者于1868年著成的小册子，近代部分则是他人整理的作者遗稿和大量笔记。两者合为一本书，1880年在巴黎出版。与当时的主流军事理论不同，迪皮克另辟蹊径地从精神方面入手，通过一个个会战实例，研究战争中的"人心"。他认为古代的战斗是基于面对面的决斗，而近代的战斗是从远处对对方采取行动，这意味着战斗者只能靠自己，他的力量源于自己的内心，换句话说，战斗首先取决于人，特别是人的精神，而失败首先是一种精神上的崩溃。

65 《战争与和平》
War and Peace

托尔斯泰
Tolstoy，1828—1910

列夫·托尔斯泰 1828 年出生于亚斯纳亚波利亚纳，2 岁时母亲去世，9 岁时父亲去世，他和兄弟姐妹由亲戚抚养长大。1844 年，他开始在喀山大学学习法律和东方语言，老师说他"既不能也不愿意学习"。离开大学后，他

回到亚斯纳亚波利亚纳，然后在莫斯科、图拉和圣彼得堡待了很长时间，过着宽松而悠闲的生活。他在这一时期开始写作，他的首部小说《童年》于 1852 年出版。1851 年，在欠下大量赌债后，他与哥哥一起去了高加索地区，加入军队。作为一名下级军官，他在高加索参与了打击山地部落的战事，也经历了克里米亚战争（这是他文学处女作的主题）。1856 年退伍后，托尔斯泰致力于教育研究工作，管理自己的产业，还从事写作。《战争与和平》1869 年出版，让他首次获得国际声誉。托尔斯泰否认教会的权威，宣扬和平主义，不顾世人的关注和政府的敌意，努力过着农民的生活。1910 年某个夜间，托尔斯泰离家出走，几天后在某个偏远的火车站去世。

《战争与和平》以四大贵族家庭的人物活动为线索，在 1812 年俄奥联军同法军在奥斯特利茨会战、法军入侵俄国、博罗季诺会战、莫斯科大火、拿破仑军队溃退等重大历史事件的背景下，展现广阔的俄国社会生活。

66 《海权对法国大革命的影响》

The Influence of Sea Power Upon the French Revolution

马汉
Mahan, 1840—1914

························

阿尔弗雷德·赛耶·马汉1840年出生于西点军校，他从安纳波利斯海军学院毕业后，加入美国海军服役。马汉经历了内战，还设计了一艘"神秘的战舰"。他后来在海军学院担任讲授海军战史和战略的讲师，1886年出任海军学院院长。他指挥过"芝加哥"号巡洋舰，美西战争期间在海军战争委员会任职，1899年跟随美国代表团出席海牙和平会议。此时，马汉撰写的战略著作已让他名闻世界，特别是英国，把他奉为海上霸权论的泰斗。西奥多·罗斯福总统请他协助拟制进攻古巴的计划；在兼并夏威夷、控制菲律宾的问题上，他是个深具影响力的倡导者。1914年，第一次世界大战爆发后不久，马汉以海军少将的军衔去世。

《海权对法国大革命的影响》是海权论三部曲的第二部，进一步阐述了他在《海权对历史的影响》中提出的海权理论——海权并不仅仅是一个纯粹的军事问题，而且是一个重要的经济问题和国家发展战略问题。在马汉看来，法兰西第一帝国之所以垮台，是因为无法撼动英国（反法同盟的经济支柱）的海上霸主地位。

> "海权的历史，主要是一部军事史。一个国家要控制海洋，就必须永远进攻。"

◁ **博罗季诺战役**

《战争与和平》生动地描绘了这场1812年9月7日爆发的战役，此战是拿破仑远征俄国的转折点。路易斯－弗朗索瓦·勒热纳（Louis-Francois Lejeune, 1775—1848）绘于1820年。

67 《战争艺术史》

History of the Art of War

德尔布吕克
Delbruck, 1848—1929

························

汉斯·德尔布吕克出生于1848年，在几所大学就读后，1867年应征入伍，加入普鲁士陆军，经历了普法战争。1874年，他成为王储儿子的家庭教师，此后，除了短期担任国会议员，他致力于军事研究。德尔布吕克的主要贡献，是把科学的方式应用于军事史，还撰写了许多文章，激发起民众对军事事务的兴趣。虽然他是个德国国家主义者，但也批评政府的政策，第一次世界大战期间主张与西方盟国媾和。1929年去世。

《战争艺术史》讲述了两千多年里的重要战争，分四卷：古典时代的战争、蛮族入侵、中世纪的战争、现代战争的黎明。作者试图将军事史置于一般历史的框架内讲述，他认为战争是社会的一个文化特征，受经济和政治制度的影响而演变。

68 《"石墙"杰克逊》

Stonewall Jackson

亨德森
Henderson, 1854—1903

························

乔治·弗朗西斯·亨德森出生于1854年，先后毕业于牛津大学和桑赫斯特皇家军事学院，1878年加入英国陆军。亨德森在印度和埃及服役后调往北美，对美国南北战争产生了浓厚的兴趣。1889年，他在桑赫斯特皇家军事学院担任战术、军事行政、军法教官。1892年，他调到参谋学院担任军事艺术和历史教授。南非战争爆发后，亨德森出任英军总司令的情报处长。后来他的健康状况不断恶化，1903年去世。担任教官期间，他对许多日后身居高位的军官产生了相当大的影响。

"石墙"杰克逊是美国历史上最有天赋的战术指挥

官之一,在东部战区几乎所有的军事行动中都扮演了重要角色。在南军指挥官中,他的知名度仅次于罗伯特·李将军。两卷本《"石墙"杰克逊》引发了一代军人对美国南北战争详细经验教训的关注,特别是在英国。

69 《海上战略的若干原则》
Some Principles of Maritime Strategy

科贝特
Corbett, 1854—1922

朱利安·科贝特出生于 1854 年,从剑桥大学毕业后,一度从事法律工作,还出版了几部小说。他后来在皇家海军学院担任历史讲师,通过教学和写作,成为声名显赫的海军历史学家,也是继马汉之后的海上霸权倡导者。1914 年,科贝特与第一海务大臣费舍尔通力合作,拟制了"波罗的海方案",打算在北海布设水雷,再以一支俄国军队在德国北部海岸实施两栖登陆。英国政府扣下文件,没采纳这份方案。科贝特 1917 年受封爵士,1922 年去世。虽然事实证明科贝特对潜艇和护航船队的看法是错误的,但他确实是将马汉的海权学说发扬光大者。

《海上战略的若干原则》包括战争理论、海战理论、海战指导这三个部分,分析了制海权的作用、有限海上战争的目的、海上战略的选择、战略力量的组合,以及海上战争的时间选择、地域力量配置等问题。本书是科贝特海军历史研究的浓缩和理论升华,也是对英国百年海洋霸权历史的理论总结,它是早期最为系统、最为严谨的海上战略理论著作之一,可谓海上战略的奠基之作。

"没有多少人能当得起'他开创了他的时代'这句话。你已经向人们展示他们要追求的方向和那样做的方法。战争的伟大技艺正在大步向前迈进,再也不会折返。"
——费舍尔对科贝特的评价

70 《历史的地理枢纽》
The Geographical Pivot of History

麦金德
MacKinder, 1861—1947

哈尔福德·麦金德出生于 1861 年,在牛津大学攻读地理。1899 年,他成为牛津大学新设的地理系主任,随后获得一连串学术任命,包括伦敦经济学院院长。1899 年,麦金德成为攀登肯尼亚山的第一人。他1910 年当选议员。1919 年到 1922 年,他担任英国驻南俄高级专员,回国后册封为爵士,还担任各种职务。1947 年去世。

"二战"期间担任美国驻英大使的约翰·温南特指出:"他是为我们提供全球性世界观的第一人。"他的学说深刻地影响了"地缘政治"。

《历史的地理枢纽》最初是麦金德 1904 年在伦敦"皇家地理学会"发表的演讲。这篇文章试图阐明地理和历史之间的相互关系,奠定了英国近代地理学的学术基础,开拓了地理学的一个新领域——政治地理学。作者从地理学角度对历史进行回顾,介绍了欧洲与亚洲在俄国及东欧的接壤地区的自然特征,分析了这一枢纽地区的形成和范围,首次从全球角度提出"心脏地带"理论。

71 《空中战争》 The War in the Air

威尔斯
Wells, 1866—1946

赫伯特·乔治·威尔斯 1866 年出生于伦敦,小学毕业后在布店当学徒。经过苦学,他获得一笔生物学奖学金,学成后当过教师和记者。威尔斯撰写的第一部科幻小说《时间机器》出版后大获成功,让他赢得了"科幻之父"的称号,与儒勒·凡尔纳和雨果·根斯巴克齐名。接下来几年,他致力于这个领域的写作,后来才改写现实主义小说。他乐观地投身社会主义运动,但对人类的进步越来越失望，这一点体现在他1945年去世前不久出版的最后一部著作里，他认为人类很快就会被其他更先进的物种所取代。

他六十余年笔耕不辍，写作横跨多个主题，曾四次被提名诺贝尔文学奖。由于他是一名糖尿病患者，他于1934年与他人共同创立了慈善机构糖尿病协会（今天称为英国糖尿病协会）。

作者1907年用了4个月写成《空中战争》，1908年在一本英国文学杂志上连载，而后才作为图书出版。这是一本军事科幻小说，它像作者的许多作品一样，以具有预言性的思想、形象和概念——尤其是将飞机用于作战——以及预测与第一次世界大战有关的事件而闻名。

"现实借鉴了我的书，
决心要取代我。"

72 《制空权》 *The Command of the Air*

杜黑
Douhet, 1869—1930

朱利奥·杜黑出生于1869年，加入意大利陆军后担任炮兵军官。1912年到1915年，他担任意大利第一支航空兵部队指挥官，之后调到步兵师任职。杜黑直言不讳地批评当局指导战争的方式，结果被送交军事法庭，被判退役和监禁。意大利1917年在卡波雷托战败后，军方召回杜黑，派他担任航空兵负责人，后又擢升少将。退役后，杜黑致力于阐述战略空战理念，1930年去世。

他是空战中战略轰炸的主要倡导者。第二次世界大战证明他的许多预测是错误的，特别是关于公众士气面对轰炸的脆弱性，但他的一些概念（获得空中指挥权、恐怖轰炸和攻击重要中心）至今仍然是空中力量理论的基础。

《制空权》1921年首度面世，成为各国空军"杜黑主义"的基础。论述了制空权的概念、重要性，及其对战争的影响。其主要观点为：未来战争将出现一个与陆上战场、海上战场并列的空中战场，空中战争的胜负将决定战争的结局，因此有必要建立独立的空军；在未来战争中，夺取制空权是赢得战争胜利的必要条件，空军应当将其作为自己的首要的作战任务；空军在未来战争中要作为一支进攻性力量来使用，要集中大量飞机对敌人的军事目标、后方城市、居民中心实施战略轰炸；建立强大先进的航空工业，使本国航空技术始终保持先进水平。

"地面是
天空的'海岸线'。"

◁ 威尔斯肖像

乔治·查尔斯·贝雷斯福德（George Charles Beresford，1864—1938）摄于1920年。

73 《红色的英勇标志》
The Red Badge of Courage

克莱恩
Crane，1871—1900

史蒂芬·克莱恩1871年出生于新泽西，大学中途辍学，以记者的工作维持生计。1895年，他在没有任何战争经验的情况下写了一部内战小说《红色的英勇标志》(一译《红色英勇勋章》)，问世后，克莱恩享誉国际。他作为战地记者先后去了希腊和古巴(和温斯顿·丘吉尔一样)，一度在英国定居。克莱恩1900年在德国去世。

《红色的英勇标志》描写了美国南北战争时期间一个不谙世事却胸怀崇高理想的青年在战火和死亡中成长的故事，表现战争环境对人的心理所产生的影响。海明威认为，《红色的英勇标志》是"美国文学中最好的书之一"。

74 《追忆似水年华》
Remembrance of Things Past

普鲁斯特
Proust，1871—1922

马塞尔·普鲁斯特1871年出生于一个富裕的法国犹太人家庭。他在奥尔良服兵役，期满后申请延长服役期，但没能获得批准，于是转而学习法律和文学。德雷福斯事件发生后，普鲁斯特愤然退出巴黎的社交生活。自1905年起，他开始隐居，致力于长篇大作《追忆似水年华》，这部著作后来分卷出版，直到他1922年去世。

全书共7卷，以回忆的形式对往事作了回顾，有童年的回忆、家庭生活、初恋与失恋、历史事件的观察，以及对艺术的见解和对时空的认识等等。在本书第三卷《盖尔芒特家那边》里，作者讲述了自己前往兵营看望当

兵的朋友圣卢。这是一部划时代巨著，是20世纪世界文坛最重要的小说之一，整部作品没有中心人物，没有完整的故事，与《尤利西斯》并称意识流小说的巅峰。

> "尽管如此，我们应该记住，人与人互相之间的看法，一个人同另一个人的友谊以及我们的家庭关系，从表面上看是稳定的，其实却像大海一样变幻莫测。"

75 《反回忆录》 Anti-Memoirs

马尔罗
Malraux，1901—1976

安德烈·马尔罗1901年出生于巴黎，学习艺术后，1923年加入考古探险队前往印度支那。他在那里参与了反殖民地活动。回国途中，他在阿拉伯取得重大考古发现。在西班牙内战期间，他为共和党人组织了一支国际飞行中队。

第二次世界大战爆发后，马尔罗作为法国陆军的坦克指挥官两次被俘，但都顺利逃脱，后来指挥抵抗组织的阿尔萨斯旅，直到战争结束。他与戴高乐精诚合作，是戴高乐最亲密的伙伴之一。法国解放后，马尔罗担任新闻部长，法兰西第五共和国成立后又出任文化部长。他的早期著作主要关注战斗中的人员，特别是《人的命运》(1933年，获得了龚古尔文学奖)和《希望》(1937年)。而他后期的著作，例如《无墙的博物馆》(1951年)，关注的是艺术和创作艺术的人。

他在《反回忆录》里，回忆了一生中异常丰富的动荡和戏剧性的经历，包括个人的生活经验、与别人的会晤以及他对人物和事件的评论。